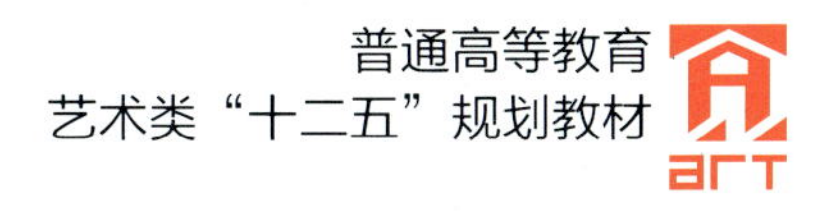

职业广告人创意实战丛书

广告创意与策划

孙亿文 王焱 傅洁 黄志宇 著

人 民 邮 电 出 版 社
北 京

图书在版编目（CIP）数据

广告创意与策划 / 孙亿文等著. -- 北京 : 人民邮电出版社, 2015.10（2024.1重印）
（普通高等教育艺术类“十二五”规划教材）
ISBN 978-7-115-39772-0

Ⅰ. ①广… Ⅱ. ①孙… Ⅲ. ①广告学－高等学校－教材 Ⅳ. ①F713.8

中国版本图书馆CIP数据核字(2015)第212926号

◆ 著　　孙亿文　王　焱　傅　洁　黄志宇
责任编辑　邹文波
责任印制　沈　蓉　彭志环
◆ 人民邮电出版社出版发行　北京市丰台区成寿寺路11号
邮编　100164　电子邮件　315@ptpress.com.cn
网址　http://www.ptpress.com.cn
北京盛通印刷股份有限公司印刷
◆ 开本：889×1194　1/16
印张：10.25　2015年10月第1版
字数：620千字　2024年1月北京第16次印刷

定价：59.80元

读者服务热线：(010)81055256　印装质量热线：(010)81055316
反盗版热线：(010)81055315

CONTENTS 目 录

第四章　当代广告与策划

第五章　当代广告与媒体

导论

PREFACE

“中国梦”语境下的广告创意人才培养

一、文化是根，转变高校广告人才创意能力的培养模式

我非常认同我国著名戏剧文化学者、教育家吴卫民教授提出的文化是文化创意产业的“根”的观点——“失去文化，缺失生命的感受，文化产品就没有冲击力和感染力，就只好大量去模仿，去借脑、借智，这样出来的产品，质量就会很低。反之，‘云南现象’告诉我们，有了文化，就有了‘根’，拿自己民族的生命感受和情感内容去打动人，形成了特色的文化产品，把文化辐射出去，也增强了文化产品的输出力和影响力。‘云南现象’之所以会有那样大的冲击力，是源头上对云南本土文化的发掘。如杨丽萍的舞蹈，就是从云南的山水之间采集的，非常富有生命力。富有冲击力的一些少数民族的文化元素，如果里面没有文化，没有历史，没有生命强力的感受，她的作品冲击力不可能有那样大”。

我也非常认同我国著名设计教育家康兵教授的观点:“要想做好广告设计，需要从许多方面来努力。诠释成功的平面广告设计，分析研究其成功的经验，有助于加深我们对广告的认识。现在广告的设计不光注重画面的形式美，更注重其结合内容的创意。这对从事广告业的人员来说要求更高了。那种只停留在原始的吆喝、叫卖中的广告已不能适应时代的要求，广告已走出了有话直接说的时代，有话好好地说、艺术地说才能符合时代的要求。设计的成败在创意，创意在灵感，灵感的产生靠培养，只有通过科学的方法学习和训练，灵感和前所未有的新的创意才会应运而生。进行创意的学习，是培养创意能力的有效途径之一。”

广告设计通过“跨界”促成不同行业、不同领域的重组与合作，这种重组和合作的前提是要掌握不同行业和领域的知识。因此，作为广告创意产业人才储备基地的高校，对课程的设置不应体现在单向度的学科化上。广告设计是一门极度需要创意的学科，重在教师传授而缺乏学生参与的传统教学方法不利于学生创造性思维的发挥。教学目标是让学生了解广告设计的基本概念、功能及演变，掌握广告设计的审美特征和日趋多元化的创意性表现方法，培养学生的创造能力、动手能力，使学生具备独立进行广告设计实践的能力。

目前，我国广告教育呈现出快速发展的势头，我国各大院校纷纷开设广告设计专业，也培养了大批广告与艺术专业人才。然而，就业状况并不如预想的好。许多专业出现了就业率偏低而市场岗位空缺严重的尴尬场面，因为广告设计行业需要从业人员具有较强的市场适应能力，而设计从业人员和设计师的水平还远不能全面满足快速发展的行业需求。原因是多方面的：其一，某些学校开设的课程过于理论，纸上谈兵，与市场存在隔阂；其二，“一刀切”填充式的教育方式，忽略了大学生个体的阶段性差异化审美特征，很难真正做到“与市场零距离”；其三，过于偏重技术操作，导致学生虽然参与实战，但大都停留在体力的重复劳动，没有升华到创意的层面；其四，过于强调海市蜃楼、空中楼阁般的创意，无法真正落实方案；其五，完全照搬西方模式，不符合本国国情。针对以上学界和业界“脱节”“滞后”“浮萍”“照搬”等问题，学界应与业界保持一致，高校广告设计教育更要为文化产业服务，为提供创新型优秀人才而转变人才培养模式。

1. 为何教：以从事广告创意行业及相关专业为最终职业的教学目的。教育应当服务于社会，这里的以从事广告行业为最终职业是指不浪费教育资源，走可持续发展的教育之路，培养的学生能适应变化的环境，从事与广告相关的工作。

2. 教什么：构建以市场为导向的教学内容。运用创造性智慧进行研究、开发、生产和销售的各种行业和环节的总和，是科技、文化、经济、信息以及市场等要素相互交融、相互渗透、共同发展的新经济模式。为顺应创意产业全球化发展的趋势，高校广告教育不仅要训练学生如何将创意运用到制作广告的环节，学生还要学习如何与客户进行直接沟通、产品的促销手段以及公关传播等。在广告创意训练的实践中，“整合”各类学科资源同样可以激发创意。在产品和服务日益同质化的今天，广告的市场环境也越来越嘈杂，受众很容易产生审美疲劳，向消费者传递商品的品牌价值越来越受到广告主和广告公司的青睐。广告专业开设品牌学和经典广告案例分析等课程，能帮助高校教育和传媒创意产业找到连接点。

3. 怎么教：激发创造性思维的分享型教学方法。教学即“教”与“学”，是师生共同合作完成一个过程。广告这一学科重在创新，如果能在轻松的课堂环境中，学生参与度高，打破师生间的隔阂，通过讨论交流分享不同的想法，学生就能获得更多的创意。因此，融洽和谐的师生关系、鼓励学生自主发展的教学方法是激发创意的重要因素。

二、高校跨文化本土广告人才的培养路径

在民族复兴背景下，我国从发展中大国逐渐走到了世界舞台的中心，中国对世界的影响更加明显。据有关统计，全世界学习中文及中国文化的人数每年递增，世界在时刻关注中国，在深入了解中国，在研究和探索中国文化体系。

自古以来，中华民族以宽广胸怀借鉴和融合着外来文化及文明的精华。随着全球经济一体化的迅速变革，打开国门的中国经济市场、中国广告事业，迎接的不仅是跨国广告集团的簇拥，更多的是文化及文明的相互交流。在广告流入与产出中必定会产生文化传播及文化冲突。跨文化是指对与本民族文化有差异或冲突的文化现象、风俗、习惯等有充分正确的认识，并在此基础上以包容的态度予以接受与适应。当前世界上有200个左右的国家和地区，有近2500个民族，共有6000多种语言。在此种情境下我们就要适应文化的多样性。虽然本土文化和外来文化有不同的地域、不同的历史特征、不同种族、不同生活习俗等，但不可否认的是文化的多样性已成为当今世界的一个基本特征，并将是人类继续存在和发展的持续方式，本土文化必然和外来文化融合。

1. 立足传统、跨越世界，与时俱进、兼收并蓄。广告研究中需要教育国际化，但是更重要是立足传统文脉，传统是根，没有了根，再绚烂的花都会枯萎。将本土文化与国际“视界”重新组合，有选择地吸收、借鉴优秀外来文化，力求适应多元化环境，尊重各地区的文化传统，使作品超越本民族的文化疆域，融入到销售地的本土文化中去迎合受众的消费心理。就中国广告文化而言，“跨文化广告创意”的运用必须在尊重中国传统文化核心价值观及中国广告法规的基础上，将中国本土文化注入其中，只有在符合民族情结和民族感情的层面中进行的广告创意，才能立足于中国广告市场。因此在实施广告创意中，我们应站在一种国际化的文化视野角度，使“跨文化”创意点既具有本土化风情又不失国际化风韵，不断繁衍，结合产品自身优势推广，这样企业的产品和品牌才能顺应时代潮流不断向前推进和发展。

2. 协同创新，学科交叉。把人文教育和科学教育结合，加强了对学生综合素质的培养。现代大学要求学校不仅要给学生知识，更应使他们有思想、有灵魂、有智慧、有教养、有信仰、有理想，使学生具有“经济价值”和“社会价值”。科学精神是探求未知问题，实事求是，经得起实践检验的精神。人文与科学，两者相辅相成，互相促进，十分重要。为了进一步适应广告教育发展综合化的要求，我们的广告教育，必须将科学教育与人文教育有机结合起来，使培养方案综合化，充分利用不同学科领域的相互交叉和文理学科的相互渗透的优势，培养复合型人才，满足广告市场的需要。

3. 产学研一体化。当今社会，产学研合作已成为高等教育发展的重要内容，引起了教育界、产业界和政府以及其他各界的广泛关注，并对产学研合作达成共识。新世纪大学广告教育必须形成产学研一体的人才培养链，产学研相结合将成为大学广告教育发展和人才培养的动力。广告人才的培养必须与企事业单位、社会团体相结合，一方面可以密切教育、生产、科研三者的关系；另一方面，也可促进教育的发展。

4. 教育国际化。经济全球化在使一国或一个地区的物质生产同世界发生更加广泛的联系的同时，也使得全球的知识和教育之间的相互联系日益加强。高等教育国际化主要是指跨世界、跨民族、跨文化的高等教育交流与合作。我国的广告教育国际化应坚持如下原则：一是加强国际间的交流与合作，利用国际丰富的广告教育资源实现优势互补；二是在教学内容和教学方法上适应国际广告业发展的需要；三是培养具有较强的创新能力与国际合作意识，通晓国际贸易的法律与法规，具有参与国际竞争能力的高素质广告人才。

5. 正确的广告教育观。把创新教育作为广告教育的总目的。创新意识、创新精神和创造能力，是21世纪高质量人才的最主要的内涵，能不能培养出具有这种内涵的人才，已成为衡量新世纪大学地位和水平的最主要的标准。人的个性特色及兴趣的充分施展是人才培养和人才创新的核心。新世纪将是一个充分尊重和发挥个性，以人为本的时代。我国大学广告教育必须以人为本，通过教育创新，建立创新教育的机制，创造有利于个性成长、个性特色充分发挥的宽松环境和广阔空间，培养出适应新世纪广告市场真正需要的人才。

三、广告设计的教学方法与课程安排

作为一门综合性应用学科，广告设计应该拥有相应的教学方法和系统的教学步骤。笔者通过对多年来创办与经营广告公司和高校教学的探讨，总结出：广告设计教学应该采取开放式和多样并存的方法体系，本着理论结合实践的教学方针，从实践出发，让学生系统地了解和掌握广告设计的全过程，发展出更加适应社会时代，适应市场经济的实用性教学方法。

广告设计的教学安排应由课堂理论传授，社会市场调查实践，国内外专家学者讲座，商业项目实战演练，学科竞赛实战，协同创新、学科交叉、分组协作6种形式构成。

1. 课堂理论传授：课堂教学主要包括基本理论讲授和课堂组织讨论、答辩两个部分。基本理论讲授主要解决学生在广告设计理念和具体运作方式等方面带有规律性和指导意义的理论问题，教学内容系统完整，以“面”的形式涵盖整个教学过程。课堂组织讨论是教学互动法的体现，是活跃学生思维，培养学生积极主动的参与意识和表达能力的手段。就某一主题组织讨论、答辩，启发性教与学，可以深化学生的理论认识，把在讨论过程中发现的问题提出来，并设法解决它，这是任何学科和科研的共同课题，它能够帮助教师修正教学内容和教学方式，起到教学相长的积极作用。

2. 社会市场调查实践：目的在于培养学生深入社会，参与市场的综合能力和素质，在教学过程中任选某产品专题，使学生把课堂讲授的调查方法运用到实际调查活动中去，在与社会广泛接触中培养分析解决问题的能力和适应性较强的应变能力，同时要求学生对自选的调查内容、结果进行统计研究，撰写出具有针对性意见的结论和调查报告，再根据调查报告写出相应的富有广告策略的广告策划方案。

3. 国内外专家学者讲座：专题讲座是把面的理论讲授分为具有代表性的“点”的深化研究过程，有目的地邀请文化学者以及国内外专业广告公司的总裁、著名设计师等，就文化以及广告设计中的某个案例做深入的讲解，可以弥补课堂笼统教学的不足，同时为掌握广告设计理念和实战训练奠定基础。

4. 商业项目实战演练：把项目有选择地、不同程度地融入课堂，有目的地进行市场调查研究，从始至终贯穿一个产品专题，掌握商品广告从市场调查到撰写广告策划书，再到创意、设计、制作的全过程，培养学生从市场出发的整体观念，以免走进“海市蜃楼”的形式主义误区。实战的目的在于理论联系实际，更好地适应社会和市场需求，为走入社会广告实战运作打好基础。将实际的商品广告策划设计业务引进课堂，是最为切实有效和完善的教学方法。这样，有一个明确的主题，在各任课教师的指导下，从调查分析、策划、创意到设计制作发布，能够使学生们从中领悟到许多实际的经验和知识，并且具有理论课堂所达不到的教学效果。本教程所教内容也正是广告实战运作的全过程，因此，具有较强的实用性。

5. 学科竞赛实战：以赛促学、以赛促教，以赛促改。学科竞赛促进了理论教学与实验教学的改革，推进了实验室的软硬件建设，提高了学生的专业水平与科研水平，竞赛与教学改革互相促进，实现课内外的有机结合，激发了学生学习积极性，有效地推动教育教学改革。学科竞赛也有助于创新平台的搭建，科技创新氛围的形成，培养学生的创新思维和创新实践能力，促使学生创新人格的塑造。

6. 协同创新、学科交叉、分组协作：组成“工作坊”“创意小组”“头脑风暴小组”是针对较大而且较复杂的广告项目采取的教学方法，设定一个总体概念和要求，组织市场学、心理学、传播学、新闻学、公关学、美学、语言学等不同专业的学生分组进行讨论、研究，如一个小型广告公司、设计机构一样运作，并进行各个项目的设计制作，在此过程中，培养学生彼此协作、分工合作精神及有效协调整体与局部关系的宏观把握能力。

广告设计的任何一种教学方法都不是孤立存在和使用的，在整个教学过程中，它们互相渗透，相互融合，根据学生情况和教学需要而交叉重复运用，最终目的还是培养出具备优秀综合素质和能力的广告设计专业人才，更好地服务于社会。

四、广告创意与策划教学内容安排表

周次	教学安排	教学内容	课题作业、要求
1	课堂讲授， 互动	（1）广告设计的基本理论 （2）国内外实战、优秀、获奖案例分析等	（1）收集相关广告资料 （2）整合优秀案例
2	社会实践	（1）选择、确定商品或品牌 （2）进行市场调查研究等	（1）选择、确定商品 （2）完成市场调查报告
3	课堂教学 讨论、个别辅导、互动	（1）广告策划、确定广告策略、广告定位和主题 （2）确立广告创意、商品和品牌调性	（1）撰写广告策划方案，要求独特、准确 （2）绘制富有个性、新意、创造性的创意提案
4	课堂教学 个别辅导	（1）平面广告创意表现 （2）平面广告编排、版式 （3）广告创意设计后期制作	（1）运用多种表现手法，方案设计及技法 （2）运用多种编排、版式
5	教学讲评、 总结、评估	（1）广告创意设计制作修改、调整 （2）广告创意设计最终定稿	根据学生广告策划书、讲演、答辩和广告作品综合评价学生的总成绩（由3名以上教师集体评定）

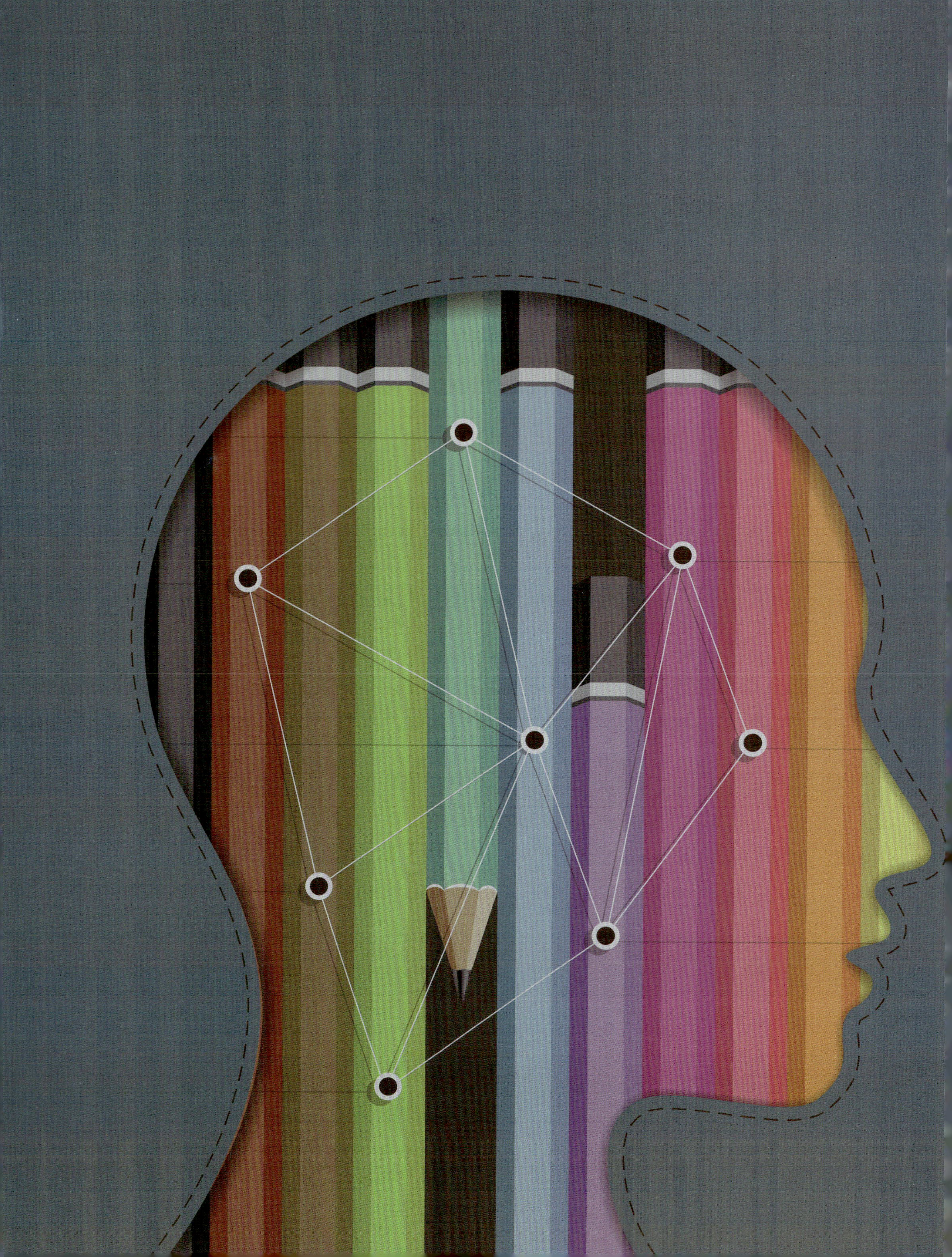

第一章

THE FIRST CHAPTER

当代广告基础概论

图1　户外焦点广告

图2　惠普高级相纸：撕破篇广告

图3　世界自然基金会公益广告

我国是世界上最早拥有广告的国家之一。《诗经》中《周颂·有瞽》一章里已有“箫管备举”的诗句，据汉代郑玄注说：“箫，偏小竹管，如今卖饧者吹也。”唐代孔颖达也疏解说：“其时卖饧之人，吹箫以自表也。”可见在当时，卖糖食商人就已经懂得以吹箫管之声招揽生意。

广告是为了某种特定的需要，通过一定形式的媒体，公开而广泛地向公众传递信息的宣传手段。广告有广义和狭义之分。广义广告包括非经济广告和经济广告。非经济广告指不以营利为目的的广告，又称效应广告，如政府行政部门、社会事业单位乃至个人的各种公告、启事、声明等，主要目的是推广；狭义广告仅指经济广告，又称商业广告，是指以营利为目的的广告，通常是商品生产者、经营者和消费者之间沟通信息的重要手段，或企业占领市场、推销产品、提供劳务的重要形式，主要目的是扩大经济效益。

第一节　广告的定义

广告一词，源于拉丁文“advertere”，其意为“注意”“诱导”“传播”。公元1300-1475年演变为“advertise”，其含义衍化为“使某人注意到某件事”，或“通知别人某件事，以引起他人的注意”。17世纪末，英国开始进行大规模的商业活动。这时，广告一词便广泛地流行并被使用。此时的“广告”，已不单指一则广告，而指一系列的广告活动。静止的物的概念的名词“advertise”，被赋予现代意义，转化成为“advertising”。

早在19世纪末，就有很多专家学者给广告下了定义，但是都不尽相同。

1890年以前，西方社会对广告较普遍认同的一种定义是：广告是有关商品或服务的新闻。1894年，阿尔伯特·拉斯克尔（美国现代广告之父）认为：广告是印刷形态的推销手段。这个定义含有在推销中劝服的意思。

1948年，美国市场营销协会的定义委员会形成了一个有较大影响的广告定义：广告是由可确认的广告主，对其观念、商品或服务所做出任何方式付款的非人员式的陈述与推广。

在现代，广告被认为是运用媒体而非口头形式传递的具有目的性信息的一种形式，它旨在唤起人们对商品的需求并对生产或销售这些商品的企业产生了解和好感，告之提供某种非营利目的的服务以及阐述某种意义和见解等（《韦伯斯特词典》1988版）。

《简明大不列颠百科全书》（15版）对广告的定义是：广告是传播信息的一种方式，其目的在于推销商品、劳务服务、取得政治支持、推进一种事业或引起刊登广告者所希望的其他的反应。广告信息通过各种宣传工具，传递给它所想要吸引的观众或听众。广告不同于其他传递信息的形式，它必须由登广告者付给传播的媒介一定的报酬。

《中华人民共和国广告法》中的“广告”，是指商品经营者或者服务提供者承担费用，通过一定媒介和形式直接或者间接地介绍自己所推销的商品或者所提供的服务的商业广告。

当代广告设计是一门综合性很强的学科。它涉及法学、社会学、经济学、市场学、心理学、传播学、新闻学、公关学、美学、语言学等诸多学科。因此，学习广告应该协同创新，与时俱进，注意学科交叉。

第二节　广告的分类

按照广告诉求的表达方式划分：硬广告，也称硬广，平时在报刊、杂志、电视广播、户外广告等媒体介质上以直接表达产品诉求信息的形式的广告就是硬广告。软广告：指广告主并不直接介绍商品、服务，而是通过在报纸、杂志、网络、电视节目、电影等宣传载体上插入带有主观指导倾向性的文章（特定的新闻报道、深度文章、案列分析等）、画面、短片，或通过赞助社会活动、公益事业等方式来达到提升广告主企业品牌形象和知名度，或促进广告主企业销售的一种广告形式。

按传播媒介分类：杂志广告、报纸广告、户外广告、电视广告、广播广告、POP广告、DM广告、网络广告、移动终端广告……

按传播对象分类：简称“38、61、99”等，即妇女广告、儿童广告、老年人广告……

图4　咖啡广告

图5　饮品广告

图6　洗发水创意广告

按传播范围分类：全国性广告、地区性广告、国际性广告……

按传播诉求形态分类：情感性广告、理性广告、说明性广告、悬念性广告、趣味性广告……

按产品进入市场的周期分类：导入期广告、成长期广告、成熟期广告、衰退期广告……

以上的分类方法，都是从形态上分类。还可以按目的来分类，可分为公共服务性广告（即非营利性广告）和商业性广告（营利性广告）两大类。

1．公共服务性广告

包括：公益广告、节日广告、社团活动广告、政府公告、个人启事广告等。

2．商业性广告

包括：商品及服务广告，文化、娱乐广告等。

由此可见，广告不仅仅是宣传品跟服务，它涵盖了以上两大类。

图7　益达口香糖的户外广告

图8　MINI宝马户外广告

图9　士力架系列广告

图10　欧洲之星观光旅游酒店广告

第三节 广告的功能与作用

图11 照相机户外广告

图12 平底锅户外广告

图13 平面广告——叱咤风云 创意：孙亿文 制作：谢志群

图14 Keko 平面广告

从微观角度说，营销功能和传播功能是广告的两大基本功能。从宏观角度说，广告在其生存的广阔背景中所发挥的两大主要功能是经济功能与社会功能。

（1）营销功能明确了广告的角色。广告是营销的尖兵。4P即产品（product）、价格（price）、通路（place）、促销（promotion）被称为构筑企业销售活动的四大支柱。营销功能主要表现为：广告增加知名度；广告区隔产品身份；广告帮助产品流通；广告增加产品使用量；广告增加新顾客；广告拉回老顾客；广告可以增加产品的附加价值；广告增加排他性——同质化，广告在塑造产品个性，区隔产品身份的同时，也在培养着消费者对产品和品牌的偏好，增强产品的排他性；广告培养品牌忠诚——维系一个老顾客的费用是开发一个新顾客的费用的1/6～1/4，因此品牌忠诚的顾客是企业营销的核心基础；广告降低销售成本。

（2）传播功能确认了广告的身份。广告活动最基本的功能是传播功能。对于企业来说，广告是了解市场信息的渠道；对广告消费者来说，广告则是商品信息的来源。广告即为物流、商流服务，同时也对物流和商流起到一定的引导作用。广告的传播功能成为广告的基本功能，应该立足于传播指标而不是销售指标。

（3）广告的经济功能。在市场经济条件下，广告收入在国民生产总值中必然占有一定份额；开拓市场时，广告起到推动力的作用，巩固市场时，广告起到稳定的作用。广告在宏观上对经济的影响，建立在它的经济功能之上。

（4）广告的社会功能。对广告社会功能的正面评价：广告的社会服务功能；繁荣了社会文化生活和体育事业；广告有助于公益事业的发展；广告改进生活品质，推进社会文明；广告提供娱乐和话题；广告直接反映本地文化。

有人说“广告是企业的化妆师”。的确，现在广告已经成为人们公开

图15　Hipoglos医药广告系列

图16　Alca-Luftal医药系列广告　文案：当心不愉快的意外，ALCA Luftal抗酸

且广泛地向社会传递信息的一种宣传手段。人们借助广告宣传自己的企业,推销自己的产品，美化形象。广告给现代经济社会带来了一道亮丽的风景，也给众多的公司企业注入了一种年轻的活力。

广告的作用表现在如下方面。

（1）广告的信息传递能迅速沟通供求关系，加速商品流通和销售。通过广告，企业或公司能把产品与劳务的特性、功能、用途及供应厂家等信息传递给消费者，沟通产需双方的联系，引起消费者的注意与兴趣，促进购买。

（2）广告能激发和诱导消费。消费者对某一产品的需求，往往是一种潜在的需求，这种潜在的需求与现实的购买行动，有时是矛盾的。广告造成的视觉、感觉映像以及诱导往往会勾起消费者的现实购买欲望。

（3）广告能较好地介绍产品知识，指导消费。广告可以全面介绍

达能
达能高钙梳打饼干
给身体叱咤风云的能量

图17　平面广告—叱咤风云　创意：孙亿文　制作：谢志群

产品的性能、质量、用途、维修安装等，并且消除消费者的疑虑，消除他们由于维修、保养、安装等问题而产生的后顾之忧，从而产生购买欲望。

（4）广告能促进新产品、新技术的发展。新产品、新技术靠行政手段推广，既麻烦又缓慢，局限性很大，而通过广告直接与广大的消费者见面，能使新产品、新技术迅速在市场上站稳脚跟，获得成功。

（5）广告是艺术含量很高的宣传手段，能给消费者以美的享受。一则好的广告会是标新立异，出其不意，用特效烘托气氛。广告通过掌握消费者心理活动来激发人们的感情，使之对广告所宣传的产品、劳务付诸购买行动。广告通过语言、画面引起消费者共鸣。

第四节　广告的发展趋势

随着多媒体技术以及电子相关行业技术的不断成熟和完善，我国广告业也得到了迅猛发展，技术革新带来的驱动效应正在倍增显现，充满想象增长空间的创新商业模式正在慢慢浮出水面。未来广告的概念将不仅是品牌宣传，未来广告将功能化，成为生活的一部分，伴随生活无处不在。

1．未来广告精准化

未来的精准营销将是以大数据为基础的，经过整合分析将变得

图19　jobsintown招聘网站创意户外广告

图20　飘柔洗发水户外广告

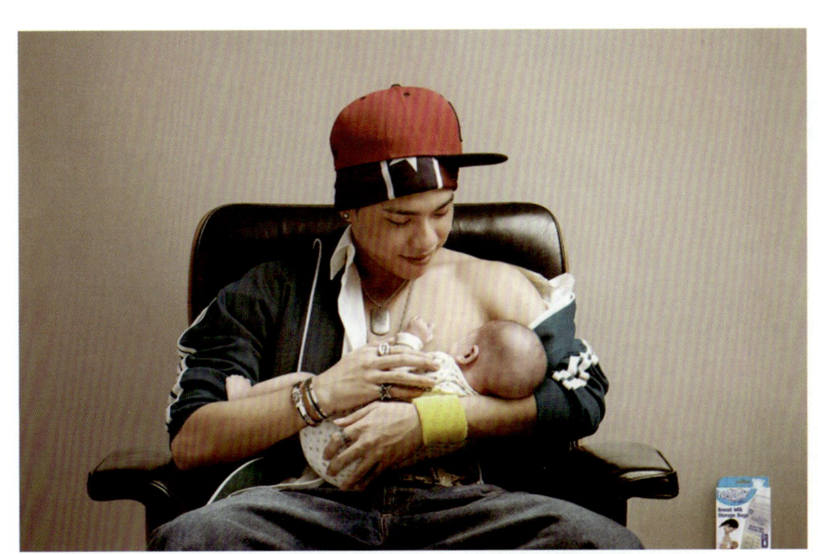

图18　Nanny奶粉系列广告

图21　冰力克广告　作者：林晨希　指导老师：俞斌浩

图22　高露洁牙膏广告

图23　健力士饮料系列广告　2014戛纳银奖

更加精准，能够将人群细分为多达数千种不同类别的目标人群，并且随着时代和产品的发展，分类不断更新演进。广告不再盲目地到处投放，而变成精确到目标用户的“窄告”，“窄告”是互联网未来广告精准化的代名词。

2. 未来广告向大平台、多屏交互趋势发展

未来广告将向大平台、多屏交互转移，屏幕与屏幕之间的数据分享、互动交流将成为趋势，充分利用网络的优势进行实时的、集中式的管理，打造一张多网多屏交织管理的大平台，开拓数字营销新的模式，给予客户更多快捷、高效、优质的体验。

3. 未来广告移动化、互动化

中国互联网信息中心（CNNIC）最新发布的《第35次中国互联网络发展状况统计报告》显示，截至2015年，中国网民数量突破6.49亿，手机网民已经达到5.57亿，占互联网接入人群的85.8%，超过八成网民使用手机上网，移动终端已经成为一种重要的媒体，占据人们越来越多的时间。真正意义上的移动时代到来，真正的“人营销”时代开始，移动营销和“人营销”的观点就是感知于人、跟随于人、服务于人，未来广告移动化、互动化成为必然趋势之一。

4. 广告活动中的许多概念将被重新界定

对广告这个概念的认识，在这二十年中，我们会发现有人是从艺术角度界定广告，有人从营销角度界定，有人从心理学角度认识，还有人从传播学角度来认识广告，每个人的认识都有一定道理。但面对一个整合的时代，我们可能会从市场的角度，从功能的角度对广告进行重新的界定，包括对广告策划、广告创意，对一些我们耳熟能详教科书上讲了多少遍的概念都要重新界定。在重新界定时，我们要注意新名词的陷阱，这是我们未来要面临的难题。

5．广告公司将向两极化方向发展

第一类是大型化，面对知识经济，面对互联网络，目前一些不大不小的广告公司经营成本太高。所以要么大到相当大的规模，成为航空母舰，靠规模、靠水平、靠人才来竞争，这是一类发展趋势。第二类是小型化，甚至个人化，借助通信设备和网络的发展，这种公司将有很好的前途。目前大多数不大不小的公司由于经营成本太高，可能没有发展空间。

思考题：

1．广义广告与狭义广告的区别是什么？

2．按媒介分类，广告可分为几类？

3．广告的功能有哪些？

4．广告有哪些发展趋势？

作业安排：

1．查找与广告相关的文献资料书目，不少于5本。

2．写一篇有关当代广告的文章，不少于2000字。

单元要求：

理解并掌握广告的基本概念，举一反三。

图25　Surfers Against Sewage平面广告

图26　丰田汽车广告

图27　杭州国际旅游节广告金奖　创意：孙亿文　设计：王雨涵 严姚桥

图24　Observador媒体广告

图28　公益系列广告

图29　宝路狗粮系列广告　文案：比你的口气清新

图30　阿迪达斯广告　创意：孙亿文　制作：郑之初 林建

图31　路虎汽车广告　2015戛纳银奖

图32　日用品户外广告

图33　OHL Highway Concessions地毯公路平面广告

图34　大众汽车广告　文案：令人惊讶的，有什么可以适合入死角。大众汽车侧向辅助系统。

图35　阿司匹林医药系列广告

图36　Lifebuoy洗手液系列广告　文案：你吃的是你触摸的

图37　Subtract家居平面广告系列

图38　Meccano儿童玩具系列广告　戛纳户外铜奖

图39　耐克系列广告1

图40　耐克系列广告2

图41　耐克系列广告3

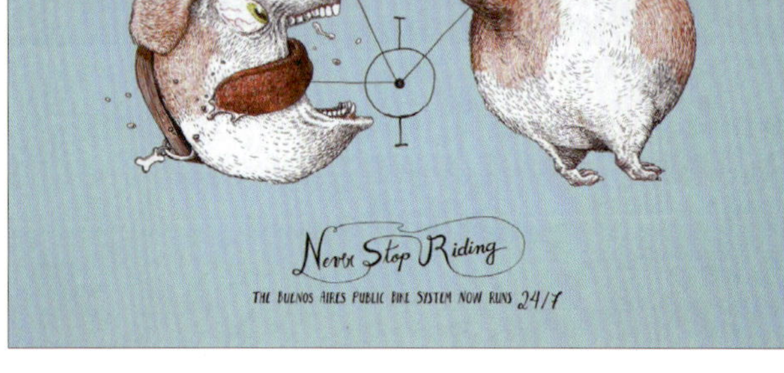

图42　公共自行车系统广告　2015戛纳大奖

图43　L'OFFICIEL III美容广告

图44　Vape杀虫剂广告

图45　娃哈哈广告　作者：张加梦

图46　汽车公益广告　2014戛纳国际创意节铜奖

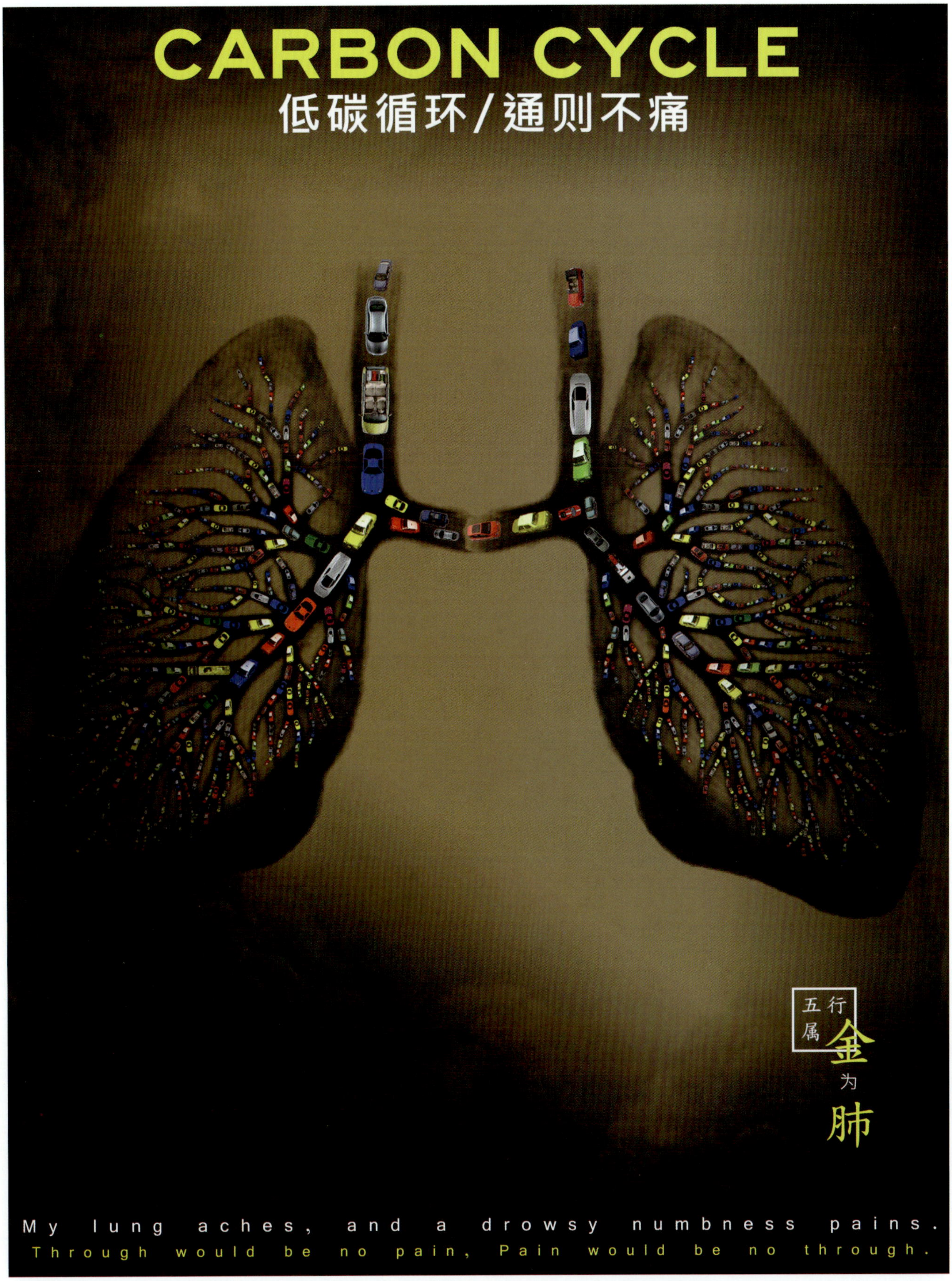

CARBON CYCLE

低碳循环/通则不痛

五行属金为肺

My lung aches, and a drowsy numbness pains.

Through would be no pain, Pain would be no through.

图47 《通则不痛》系列环境保护广告 中国公益广告大赛金奖 创意：孙亿文 设计制作：工樱儒、秦卿、金成兰

第二章

THE SECOND CHAPTER

当代广告创意与表现

图48　up!tour travel agency旅游与运输系列广告

第一节　广告创意

1. 广告创意的含义

创意，在英语中以“creative”“creativity”“ideas”表示，是创作、创造的意思。20世纪60年代，在西方国家开始出现了“大创意”的概念，并且迅速在西方国家流行开来。大卫·奥格威指出：“要吸引消费者的注意力，同时让他们来买你的产品，非要有很好的特点不可。除非你的广告有很好的点子，不然它就像很快被黑夜吞噬的船只。”奥格威所说的“点子”，就是创意的意思。

詹姆斯·韦伯·扬在《产生创意的方法》一书中对于创意（ideas）的解释在广告界得到比较普遍的认同，即“创意完全是各种要素的重新组合。广告中的创意，常是有着生活与事件‘一般知识’的人士，对来自产品的‘特定知识’加以新组合的结果”。

图49　企鹅出版系列广告

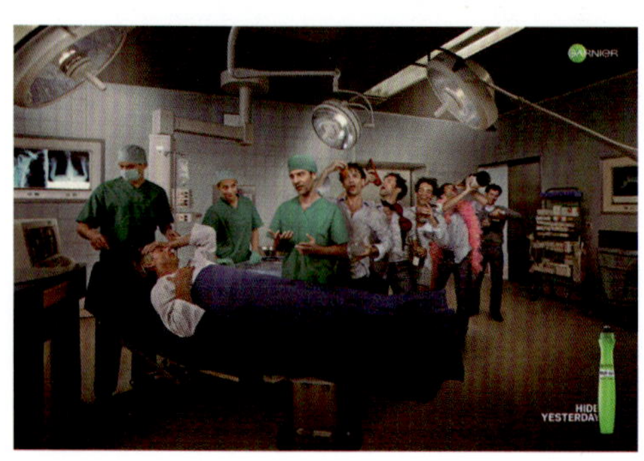
图50　卞尼尔护肤品系列广告

图51　马自达汽车广告　文案：享受更多的空间，马自达5人座的小型货车。

图52　尼桑汽车系列广告

我国目前在创意一词的使用上非常灵活。这大概是由于广告创意理论在引进过程中，几乎同时把“creative”“creativity”和“ideas”引进来，而这三个观念在产生和运用中都曾经存在不同方面的指向或特定的含义，译成中文后都笼统地解释为创意；也可能是“创意”的思想，在国内流行开来之后，许多人盲目赶时尚，导致概念混乱所致。

我们认为，“广告创意就是广告人对广告创作对象所进行的创造性的思维活动，通过想象、整合提炼、创造，对广告主题、内容和表现形式所进行观念性的新颖性文化构思，创造新的意念或系统，使广告对象的潜在现实属性升华为社会公众所能感受到的具象”。

图53 terra卫星系列广告1

2. 广告创意的前提

广告定位是广告创意的前提。广告定位先于广告创意，广告创意是广告定位的表现。广告定位所要解决的是“做什么”，广告创意所要解决的是“怎么做”，只有弄清楚做什么，才可能发挥好怎么做。一旦广告定位确定下来，怎样表现广告内容和广告风格才能够随后确定。由此可见，广告定位是广告创意的开始，是广告创意活动的前提。

3. 广告创意密码——广告创意的九个维度

优秀、顶尖的广告创意有标准吗？何为优秀的创意？如何能做到优秀的创意？创意密码给你揭开谜底。优秀的广告创意与九个维度密不可分，创意可以从九个维度（把“意”字解构成九个谐音词）去解读和诠释——即广告创意的九纬度。

图54 terra卫星系列广告2

（1）创“易”。即一目了然、容易识别。优秀的广告创意作品应具有明显的识别性，且是跨地域和时空的，能使广大受众接受、传播。创“易”是广告创意的基石，也是设计师和纯粹艺术家的分水岭。

（2）创“异”。即另类，与众不同，标新立异，不走寻常路，用当代艺术家的观念去思考去创作。如香港的著名设计师陈幼坚后期的作品便是如此。

（3）创“诣”。即造诣、文化、文脉、文化之根。广告创意作品具有相当深厚的民族人文底蕴和文化内涵，厚积而薄发，经得起时间的打磨。看着靳埭强先生的招贴作品，仿佛让人品味着一杯浓浓的文化之茶，茶的悠悠芳香绝非一杯速溶咖啡可以比拟，让人沉醉其中。

（4）创“怡”。即愉快、愉悦。广告创意明快而轻松的画面，使观者心情愉悦、爽朗，一切灰暗心情化为乌有。尼古拉斯的音乐节招贴作品是个代表，作品中充满了生命力和旋律感，视觉和听觉融为一体。

（5）创“忆”。即回忆、回味、品味。广告创意作品使得受众过目不忘，回味无穷，印象深刻。品读着陈放教授的作品，不禁叫人从中顿悟人生。

（6）创“益”。即经济效益和社会效益。优秀的广告创意作品能产生丰厚的经济效益或社会效益；如果广告很惊艳、拍案叫绝，但没有促进产品销售，这样的创意从某种意义讲就是失败的。

（7）创“议”。即议论、争论。有影响力的广告创意作品总是受社会舆论、媒体的极度关注，一个问题甚至争论一个世纪。

图57　Karana睡袋系列广告

图58　Intermarche连锁超市系列广告

图55　Banque Transatlantique金融与法律服务系列广告1

图56　Banque Transatlantique金融与法律服务系列广告2

图59　Softbox平面广告创意

图60　玩具游戏广告

图61　Topline糖系列广告

图62　Ironage运动饮料系列广告　文案：精益求精

（8）创“翼”。即翅膀、羽翼。广告创意使得广大受众观后插上想象的翅膀，浮想联翩。

（9）创“溢”。即思维的溅、喷。设计师的创作激情像泉水一样喷出、迸发出，连绵不绝。

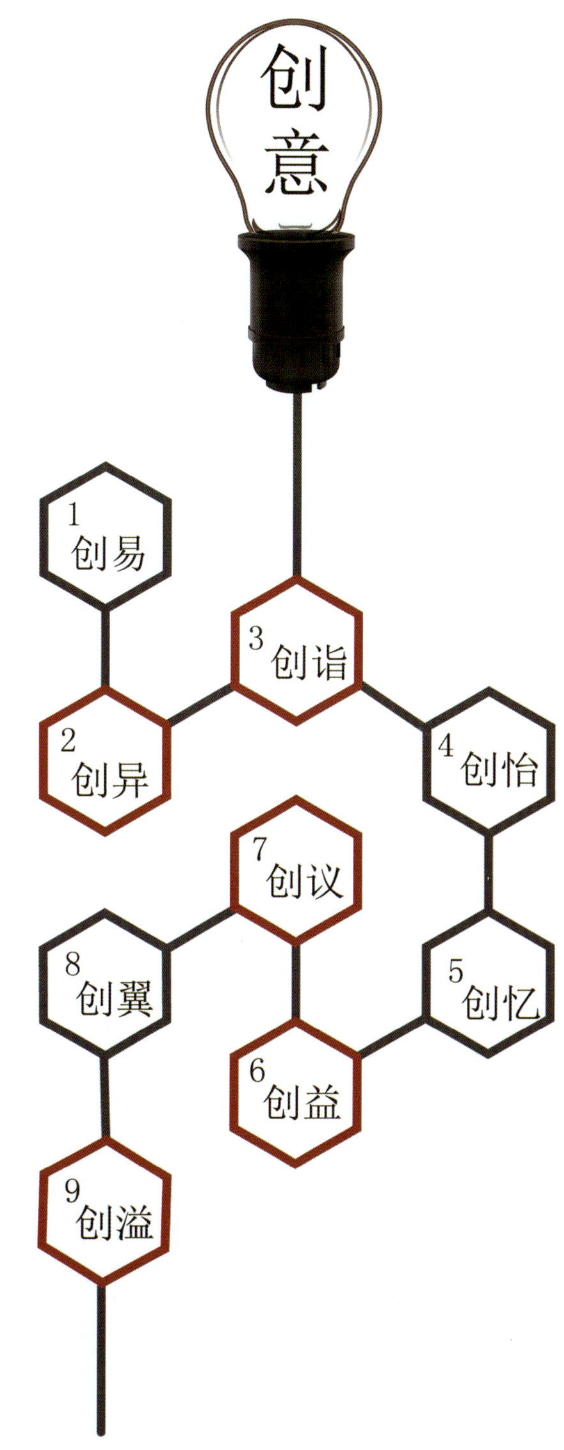

图63　ATSS系列广告

图64　Lingua Simplex Pairs Game食品广告

4. 创新思维独创性的生成

我们所说的创新思维是对思维某些特征的强化，比如说，从多角度观察和思考问题的发散性，把需要解决的问题与其他事物进行联系和比较的分离性，思维过程的辩证性，思维空间的开放性，思维主体的能动性以及思维成果的独创性。其中独创性是创新思维最具代表性的特征，也是广告创意的关键。因为，创意过程中独具一格的思维特点，就是创新思维的独创性。

与时俱进，笔墨当随时代前进，广告创意也如此。人们的审美情趣随着时代而前进，随着生活而升华，随着个性张扬而追求独创。带有时代精神独创性的广告创意的诞生要经历四大环节：境域—启迪—顿悟—验证。

（1）境域

它是广告创新思维的生成环境。在广告创作之前，应对设计对象的有关条件和限制有透彻的了解，并尽力投入思维活动中。在广告创意过程中，对所思考的问题越有激情，进行各种尝试的积极性就越高。

（2）启迪

它是广告创新思维的信息纽带。当广告构思陷入僵局难得其解时，不妨从其他艺术形式和相关学科中寻找新的意象，形成完整而清晰的新思路，再经反复酝酿，用自己的设计语言把它“译解”出来。

图65　McCafe平面广告系列广告

（3）顿悟

它是广告创新思维的灵感显现。通俗地说，就是相关的知识信息在人脑中重新组合后即时凸显，有一种“茅塞顿开”的感觉。就像在黑暗的剧场里点亮一盏灯，把一些零星的观众及场景照亮，出现一个个活生生的形象。

（4）验证

它是对广告创新思维结果进行多角度分析的审视过程。通过这一过程，验证广告创意是否拨动了读者的心弦，创意的表现是否清晰，创意是否给读者留下了想象的空间等。

现代广告成功的要素是优秀的创意，而创意的关键在于这个“创”字，也就是说要有独创性，别人未曾使用过的主意和新颖的表现手法才能吸引受众的注意，才能产生非凡的有效说服力，并能给人留下深刻的印象，达到广告传播的目的。

图66　便利贴户外广告

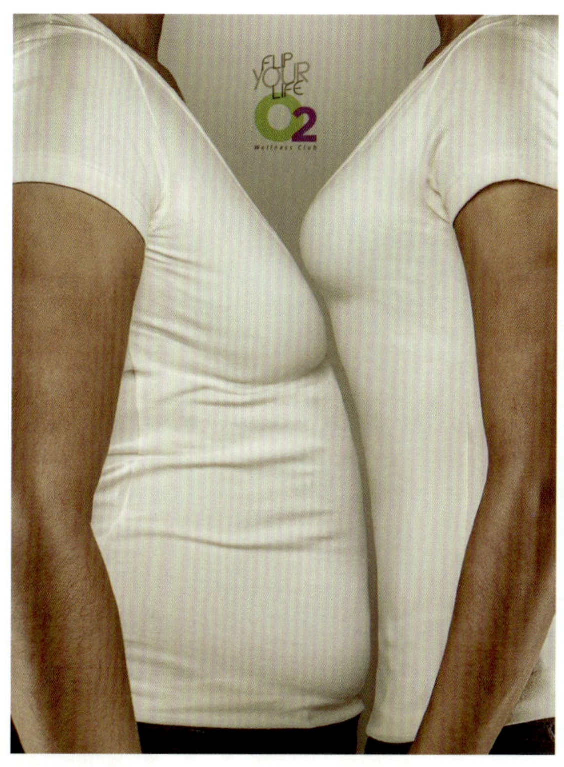

图67　02健身广告

图68　Fibertel系列创意广告

第二节　广告创意与设计宏观流程

1. 流程概括

广告创意与设计流程主要概括为4大流程。

（1）初步沟通

这个是最为重要的一步，双方都在选择，有的公司会为此专门抽人出来做这一步。专业和效率是第一步的关键词，而不是什么价格、关系等，没有专业，都是空谈。

（2）前期准备

这一步最重要的是签合同。没有合同不能开始设计，那样的设计是没有价值的，客户也不会把你放在眼里。因此规范性、原则性是关键词，价格和首期款甚至都可以涉及。

（3）设计阶段

执行是这一步的重点，所有的工作都必须为此事提前和优先进行，服务时间上要占主动。

（4）后期协调

主要是结款，前面的步骤进行得流畅，后面的款就好收。如果涉及到制作的话，则需要双方配合和协调。

2. 具体流程说明

（1）初步沟通

充分了解客户需求。客户可以先在企业自身内部形成统一的意见，明确需要设计的项目、设计的要求和项目预算，指定项目的负责人，协调好相关的资料收集工作，对企业背景、产品背景、目标市场环境、竞争企业和竞争产品进行初步分析。客户可以利用自身的行业优势，向广告公司提供尽可能多的背景资料，以便于广告公司对设计项目进行系统的专业分析。

向客户介绍此类项目的常见设计风格以供参考。广告公司可以向客户提供与项目相关的实际案例，以便客户进行风格和形式的筛选。

了解客户预算，以便在设计时采用适当的印刷工艺和材质预算，对设计方案最终是否能够顺利执行有很大的影响。好的方案如果没有预算的支持，只会浪费双方的时间和精力，所以应尽可能在项目开始前就确定好大致的预算。

在与客户充分地沟通后，根据掌握的资料，经过内部分析，向客户提出初步的解决方案即设计简报1，并取得客户的认可。

（2）前期准备

根据设计的要求、数量和难度，向客户提出报价。设计费根据不同的要求和难度，价格有所不同，通常由广告公司提供整合解决方案时（如由广告公司同时承接前期设计和后期制作执行），设计费可以有一定的浮动空间。 客户对报价予以确认，并签订报价确认设计意向书2。按照双方的协商结果，签订正式的设计合同3，原则上收取20%～40%的预付款（设计合同中可确认书面负责人和代签人）。如是老客户或者是意向书与合同书不是在一个工作日内完成，则设计意向书可以省略，直接签署设计合同。

图69　奔驰平面汽车系列广告

图70　港铁系列广告

图71　DHL专业与公共服务系列广告

图72　Sena line 旅游“成人免费”广告

图73　3M耳机广告

图74　Santa Cruz Wine Store酒系列广告

图75　大众汽车系列广告

由客户提供尽可能详尽的设计资料，客户在此阶段应做好各类资料的收集工作，如企业VI系统的基本元素（标志、专用字体、专用色系等）、文字资料（手写稿、打印稿或Word等电子文件）、图片资料（照片、反转片、印刷品、电子图片）等，设立一个专门的文件夹存放并有专人负责保管。

（3）设计阶段

成立专项设计小组，由创意总监（CD）组织成立专项设计小组，指定项目负责人、设计执行、业务执行。确立创意简报4，设计简报和创意简报的区别在于：前者是设计策略思路，而后者是设计执行思路；前者解决设计怎么做，后者解决怎么把设计做好；前者是抽象的思路，后者是具体的方法。制定项目进度表5。设计初稿，内部初审并进行修改。由创意总监会同美术指导(AD)对设计初稿进行内部初审并进行修改，设计初稿完成并提交（CD、AD内部签字确认）。提交方式包括发送电子邮件，提交彩色喷墨打印稿，或召开提案会议。客户审稿并提出修改意见并书面签字（设计初稿6）。

召开内部会议对客户提出的修改意见进行分析，与客户沟通后形成最终修改方案。有时客户和设计师的想法会有分歧，这时双方需要进行良好的沟通，达成共识，形成最终的意见。

修改设计稿并提交最终设计稿（CD、AD内部签字二次确认）。原则上允许客户修改3～5次，3～5次之后纳入必要的流程管理。客户对最终设计稿进行确认（设计二稿或三稿7）。客户应对最终设计稿进行书面确认，设计阶段的工作到此告一段落。

（4）后期协调

客户在后期执行时，广告公司可以以咨询的方式进行协助，但不对签收后的资料在执行过程中发生的问题负责。广告公司同时负责设计完稿和后期执行的情况下，由广告公司负责后期执行的质量，质量标准以客户签样为准。客户按照合同规定的时间和金额支付尾款。在客户签收无误后，应按照合同规定支付尾款，由广告公司开具商业统一发票。

图76　Skullcandy耳机系列广告（表述法）

图77　Staedtler笔系列广告　文案：一切从这里开始（表述法）

图78　The Art of Shaving剃须刀广告（表述法）

第三节　当代广告创意表现

广告创意表现简称广告表现，是传递广告创意策略的形式整合，即通过各种传播符号，形象表述广告信息以达到影响消费者购买行为的目的，广告创意表现的最终形式是广告作品。它决定了广告作用的发挥程度；广告表现是实现广告目标的中心环节。它是整个广告活动的转折点，前面工作为调查、分析、提出方案、创意、构思，然后是将创意者脑中的灵感转化成看得见、听得到的、创意落地的广告，并将其传达给目标市场的消费者。因此，广告表现在整个广告活动中处于承上启下的地位。

1. 广告创意的视觉表现形式

广告创意的表现方法多种多样，从视觉表现形式的视角可归纳为创意表述法、创意会意法与创意象征法。这些形式语言综合运用与相互交融创造出崭新的、千变万化的视觉，给受众视觉全新体验。

（1）创意表述法

表述法就是通过直接描述事物最典型、最本质的形和意，并使受众获得与其直接相对应的语意和概念。表述法由于表现直接明了，所以其表述的内容也清晰、突出、鲜明、准确，并且易于理解和接受，表述法适合于表现单一的、具代表性和有一定独特性的内容，形式上要尽量单纯、精练（见图76、图77、图78、图79）。

（2）创意会意法

会意法就是指由某些事物的形态或内涵而引发的与其本身等同、类似甚至相反的联想和体验，会意绝不是直接将所要表现的内容呈现出来，而是引发人们的联想思维，通过受众的思考得以完成。所以容易在人们的记忆中留下深刻印象。在形象的选择、组织和创意上应尽量避免复杂难懂，要考虑目标对象的文化、习惯和感知理解能力（见图80、图81、图82）。

（3）创意象征法

象征法是将某些具象或抽象的事物所蕴含的特定含义，通过另外一些角度和视点的引申，映出新的抽象或具象的意义。象征法应选择有代表性及认知可能性的形象，以唤起人们思想深处的共鸣（见图83、图84、图85、图86）。

2. 广告创意的表现手段

从表现手法的角度讲，广告创意的表现手段主要有：摄影、绘画、装饰、卡通、漫画、短剧、对话、动画等。

（1）摄影。以真实的光影表现产品内容，色彩层次丰富、逼真，感染力强，还可以制作各种特技效果（见图87、图88、图89、图90、图91、图92-1、图92-2、图93）。

（2）绘画。绘画可具象、可抽象，变化丰富，画意浓厚。写实、写意、强调、夸张任意发挥，这需要有扎实的绘画基本功才能得心应手（见图94、图95、图96、图97）。

（3）装饰。装饰可繁可简，表达主题内容不受自然形与色、时间和空间的限制，图形效果明确醒目。其主要有：概括、想象、同构、异构、对比、省略、复合、渐变、相似、变异、重复、倒置、夸张、旋转、放射、肌理、光效应、正负形、矛盾空间等平面构成的手法，通过组合变化往往能产生新的含义和奇特的效果，具有较强的视觉冲击力（见图98、图99、图100、图101、图102）。

（4）卡通。卡通手法生动、活泼、天真、可爱，多适用于有娱乐趣味的产品和儿童产品的广告（见图103、图104、图105、图106、图107、图108）。

（5）漫画。漫画幽默、滑稽，使受众在愉快中接收信息（见图109、图110、图111、图112、图113、图114）。

（6）短剧。短剧用特定的生活、工作情节来表现产品，激发人们的内心情感，多用在电视广告中（见图115、图116）。

（7）对话。带有一定情节的两人或几人对话，通过对话来表现产品，多用在广播广告中。

（8）动画。三维和二维电脑动画，以表现产品品牌为主，多用

图79 Biolit杀虫剂系列广告（表述法）

图80 WMF刀系列广告（会意法）

图81 Keloptic眼镜系列广告（会意法）

图82 Talidat胃药系列广告 文案：不要让它再出现（会意法）

在电视和网络广告中。

还有很多具体的表现手法这里就不必要逐个介绍了。总之，每个不同的广告媒体都有其特有的各种表现手法。广告的表现是广告创意的具体体现和深化，是信息传播活动中不可缺少的手段。设计师要重视各种表现技能的学习与研究，把握各种表现技法的审美特征，正确、充分、灵活地加以应用。

图87 2013戛纳获奖平面广告精选新加坡危机援救（摄影）

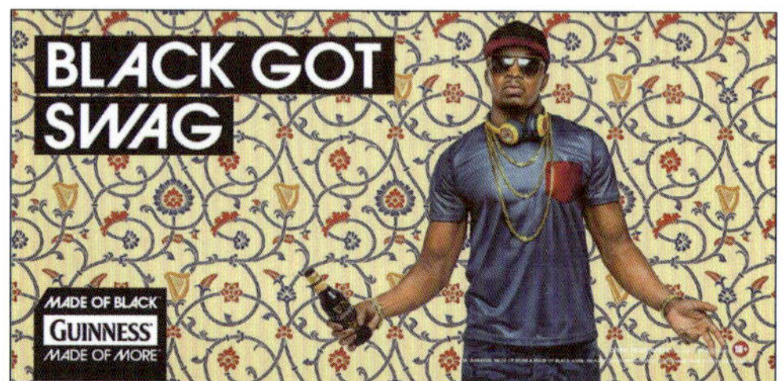

图88 Guinness Africa平面广告设计（摄影）

图83 Secom平面广告设计（象征法）

图84 Big Babol糖果系列广告（象征法）

图85 Karana睡袋系列广告（象征法）

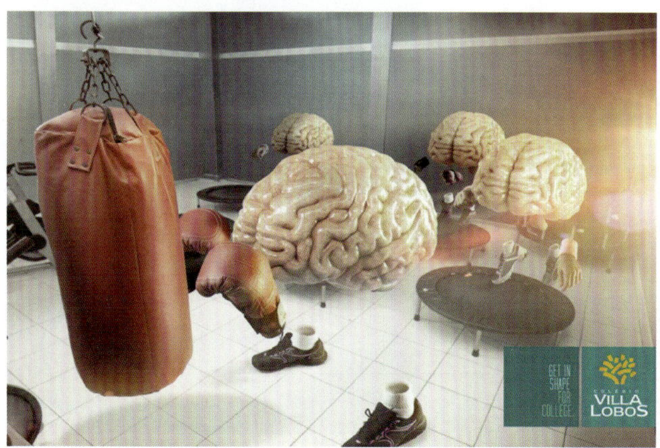

图86 Col é gio Villa Lobos 文案：在外形上获取大学（象征法）

图89 Adelaide Eye & Laser Centre美容健身广告（摄影）

图90 Meccano玩具广告（摄影）

图91　公益与非营利组织广告（摄影）

图92-1　雀巢广告之起床篇（摄影）

图92-2　雀巢广告之出门篇（摄影）

图93　Fundacion Seguros Caracas 平面广告（摄影）

图94　国外品牌女鞋广告（绘画）

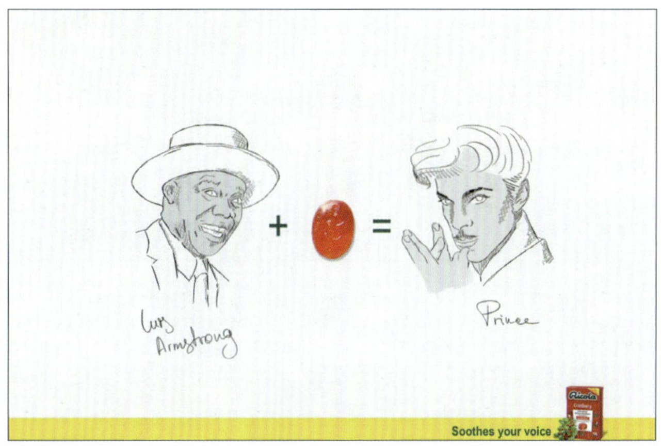

图95 Ricola糖果广告（绘画）

图97　EngCafe平面广告（绘画）

图98　时尚广告（装饰）

图99　El Ropero平面创意广告（装饰）

图96　Havaianas服装系列广告（绘画）

图100　加加酱油广告（装饰）

图101　非洲节日广告（装饰）

图102　Bauducco食品系列广告（装饰）

图104　Gain清洁剂系列广告（卡通）

图103　公共自行车系统广告（卡通）2015戛纳大奖

图105　Gain平面广告（卡通）

图106　Limonaderia平面广告（卡通）

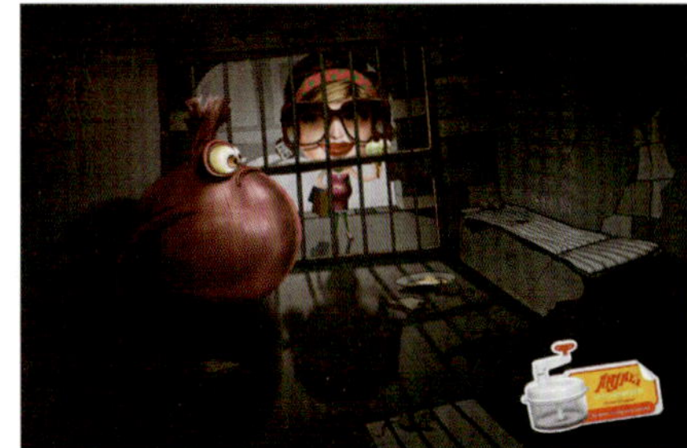

图108　Anjali Kitchenware厨具系列广告（卡通）

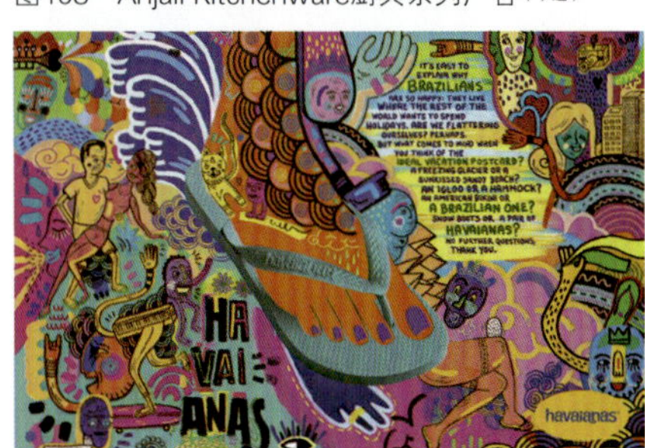

图109　Havaianas系列广告服装（漫画）

图107　Anjali Kitchenware厨具系列广告（卡通）

图110　Hopi Hari Amusement Park平面广告1（漫画）

图111 Hopi Hari Amusement Park平面广告2（漫画）

图112 Escola Panamericana教育广告（漫画）

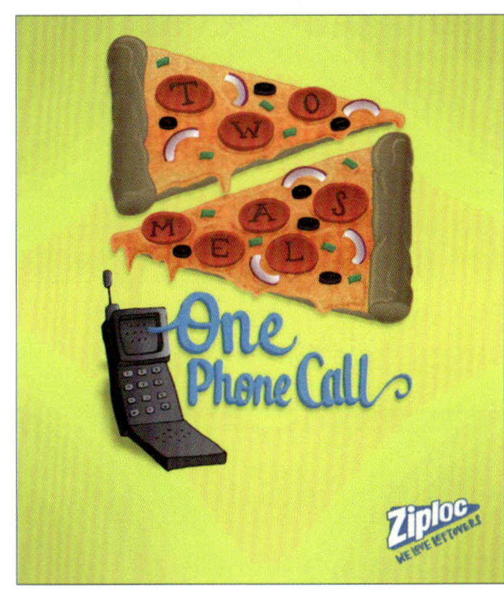

图113 Ziploc平面广告（漫画）

图114 TransferGo平面广告（漫画）

图115 Expedia戛纳国际创意节（短剧）

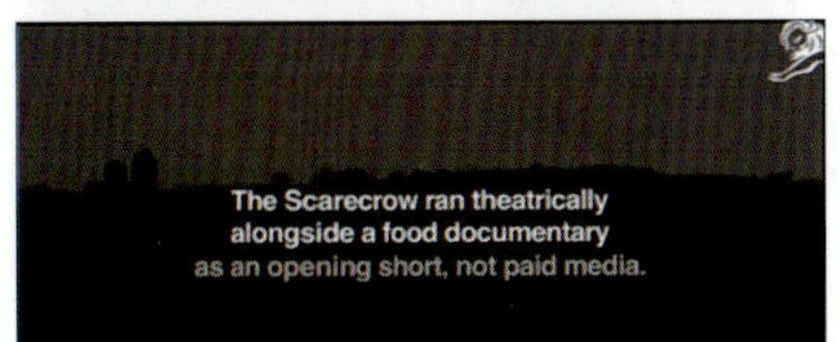

图116 Chipotle戛纳国际创意节（短剧）

第四节　平面广告设计准则

1. 平面广告的定义与分类

平面广告，若从空间概念界定，指现有的以长、宽二维形态传达视觉信息的各种广告媒体的广告，可分为印刷类、电子通信类和实体类三种形态。

（1）印刷类广告。其主要是指通过印刷手段制作的，批量发行的广告。印刷品广告有报刊广告、杂志广告、样本广告、直邮广告、图书广告、招贴广告、传单广告、产品目录、包装广告、挂历广告等。

（2）电子通信类广告。这类广告是通过电子技术、网络技术及发光体构成的平面广告，主要有广播广告、电视广告、电影广告、电脑网络广告、移动终端广告、电子显示屏幕广告、霓虹灯广告等。

（3）实体类广告。其主要包括实物广告、户外实体广告、橱窗广告、民墙广告、车身广告、横幅等。

2. 平面广告设计视觉构成元素

（1）图像（图形）

图像是平面广告设计中最重要的因素之一，它具有强烈吸引注意的能力。据实验统计，图像与文字同时出现时，图像占70%的注意度，而文字只有30 %。图像在平面广告中又分为“直接图形”和“间接图形”。直接图形就是直接把广告产品和商标用摄影或绘画形式表现在平面广告中的图形，也称为产品图形。间接图形就是根据广告创意与主题所选择的为了帮助受众理解广告主题或创意的表现图形，也称为广告图形。直接图形多用在受众没有充裕时间观看，瞬间即过的媒体上，如：路牌、车身广告等。直接图形主要用来推荐和提醒人们使用该产品。而在有相对宽裕时间的媒体上，如报纸、杂志、样本、招贴等，往往是直接、间接图形同时使用，有利于加深受众对广告和产品的认知、理解和记忆。这里用的直接和间接图形可以是摄影，也可以是绘画，表现手段根据创意有写实、象征、悬念、漫画、卡通、装饰变形，构成组合等丰富多变的手法，极具表现力，传达广告的效果很好（见图117）。

（2）文案（文字）

文字是人类相互沟通的重要工具，在现代广告设计领域里，文字扮演着视

图117　Capilano 平面广告（图像）

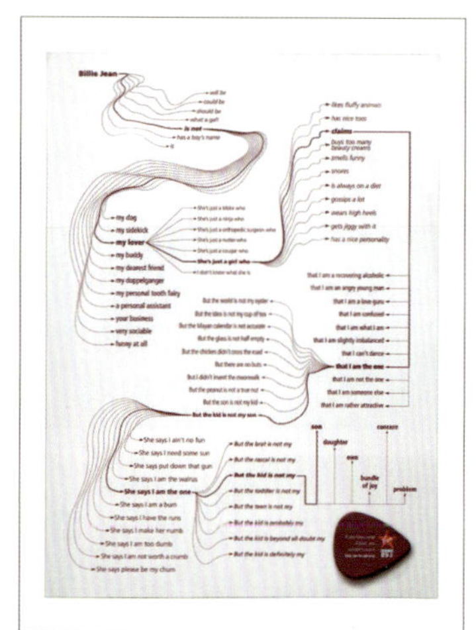

图118　维珍平面广告（文字）

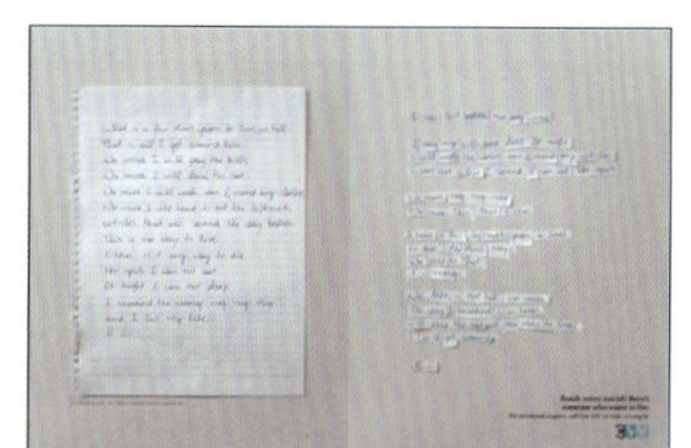

图119　公益广告（文字）

图120　Spinfluence平面广告（文字）

图121　冰力克广告（文字）

图122　Vegan Fest 文化娱乐广告（色彩）

图123　可口可乐广告（色彩）

觉传达灵魂的角色。广告设计中的文字由两个方面构成，即文案设计与字体设计。文案设计是根据广告主题与创意要求而撰写的具有说服力的语言文字，字体设计是根据广告内容、产品个性选择或专门设计的表现字体，也叫美术字。

文字在平面广告中具有传播信息、说服对象、加深记忆等作用。据统计，受众看过广告后，文字比图形的记忆度高，文字留下的记忆占65%，而图形仅占35%。因此，在平面广告设计中，图形和文字要密切配合，才会事半功倍。通过文字，可将产品名称、标题、广告语、说明文、企业名称、地址、电话等商品信息直接传达给消费者。另外，文字还具有很强的形式美感和表现力，特别是中国汉字本身就有象形性，不同的字体具有不同的形象、情感、气势、意境和艺术魅力，选择、设计适当的文字能增强广告的视觉效应。以文字为主的广告，见图118、图119、图120、图121。

广告的阅读过程往往是受众先被广告的彩色图形吸引，然后看标题或广告语，如再被吸引住或产生悬念或兴趣，才会看说明文和其他信息。若前面的环节吸引不住人，受众自然不会再往下看，那么此广告就基本作废了。因此在广告设计中要重视每一个环节的设计，从图形设计开始一步步地把受众吸引到具体的广告内容中，使目标受众真正看完广告，才能达到有效传播的目的。

（3）色彩（色调）

色彩在广告信息传播的各要素中，以其传递速度最快而著称，比图形和文字等因素的视觉冲击力更强、更快。它以每秒30万公里的光速传入的眼睛，是一种先声夺人的艺术语言。受众对广告的第一印象是通过色彩而得到的，它与受众的心理和生理反应密切相关。在设计中可以运用色彩的冷暖、轻重、远近、味觉、情感等对人的心理作用来表现不同的产品和主题，例如：用红色表现节日礼品、喜庆场面和营养品等。用蓝色和白色表现清结用品、冷冻食品、医疗卫生品等。设计中运用色彩的情感联想及商品的形象色等色彩规律，有利于商品性质的传达。但应注意不能把广告色彩设计简单化、公式化，使广告色彩在雷同中失去了个性和视觉冲击力。广告色彩的表现要求新颖、独特、醒目，要利用色彩的三要素之间的变化，组合出各种不同的有个性的广告色调（即用色相、明度、纯度来变化组合）。设计广告色彩的同时还要考虑很多因素，比如针对什么人，他们的生活经历、年龄、文化背景、风俗习惯等。另外，还要考虑产品和企业的个性特征和形象色（CIS中的企业色彩）等因素。（见图122、图123）

现代平面广告设计是由以上的图形、文字、色彩三大要素构成的。三大要素相互配合，灵活运用才能使广告更有成效。

3. 平面广告的版式设计

版式设计是依照视觉信息的既有要素与媒体介质要素进行的一种组织构造性设计：是根据文字、图像、图形、符号、色彩、尺度、空间等元素和特定的信息需要，按照美感原则和人的阅读特性进行组织、构成和排版，使版面具有一定的视觉美感，适合阅读习惯，引起人的阅读兴趣。

版式设计的目的在于使内容清晰、有条理、主次分明，具有一定逻辑性，促使视觉信息得到快速、准确、清晰的表达和传播。对特定信息界面的具体编排而言，各种元素的统筹和富有创意的表现，不仅是方便阅读的需要，也是产生视觉美感的需要，因此形式美的法则是影响版面编排优劣的决定性因素。符合形式美法则的编排设计能使版面简洁、生动、充实、协调，更能体现秩序感，从而获得更好的视觉效果。版面的形式美感可概括为几种形式：明快统一、井然有序的对称形式感；富于变化、生动的均衡形式感；重复统一的节奏形式感；轻松、优雅的韵律形式感；简洁、对比的空间形式感；生动、富有创意的变异形式感；并列、清晰的网格形式感；整体、协调的统一形式感。

4. 平面广告版式设计的视觉规律

人们从自身长期工作、生活实践中不断积累、探索和总结相同的具有普遍性和共识性的基础，便是客观存在的形式美法则，并以此为依据进行创作活动和对形象进行审美。广告设计也必须面对这一艺术学科共通的课题，并且随着现代科技文化的不断发展，编排设计必将遵循一定的规律和不断深化对形式美法则的认识和运用。

（1）节奏与韵律

节奏指有规律的形成运动感的重复。节奏讲究变化起伏的规律，没有变化也就无所谓节奏。韵律是节奏与节奏之间运动所表现的姿态，节奏的反复连续形成了韵律。节奏和韵律的安排可以使一些凌乱散落的形象产生一种秩序感，并在这种具有动势的秩序中萌生出新的艺术生命。节奏与韵律能使广告编排设计版面产生活力和积极向上的生气。反复的方式决定了版面视觉效果和节奏感的强弱。在平面广告编排设计中，利用疏密、聚散、重复、连续、条理来编排，以获得节奏感或利用渐明、渐大、渐高等渐变手法使版面更加优美、生动，更富于节奏与韵律感。（见图166）

（2）空白与疏密

空白的运用对编排设计有着很重要的作用，中国画称“计白当黑”。在编排设计中，版面适当留出空白，能起到视觉透气、休息的作用，反而强调了主题所表现的内容，引起受众对非空白处的注意。中国画论里的“疏可走马，密不透风”也是这个道理，版面中应该密的地方尽量密，应该空白的地方尽量留大一点，形成强烈的疏密对比，才能达到很好的版面视觉效果。（见图183）

（3）对称与均衡

对称与均衡是自然界中最重要和最常见的形式美规律。比如：人的身体和其他动、植物生长的状态，以及许多日常用品的形态等。在编排设计中，注意将两侧相同或近似的设计元素，以某点为中心，进行左右对称、中心对称、上下对称或动感对称等。对称给人以安全、稳定、庄重、严肃、正规的感觉。均衡是对称形式上的发展，中心的两侧不相同也不近似，利用视觉规律和心理上的平衡的原理，通过大小、形状、距离、力量等诸因素的改变，来调节中心两侧的分量上的平衡，也就是形不同而量相近的编排方法。均衡给人以变化、活泼、动感、新颖等视觉感受。（见图179）

（4）比例与分割

比例是指广告画面的部分与整体之间的数量关系。比例通常分为黄金比例、根号矩形比例、数列比例三大类。比例是尺度中产生的，理想的比例关系存在着秩序美，如：1∶3，2∶3，3∶5，4∶5等，如何在比例关系规定的空间之内把文字、图形巧妙地整合起来，是体现形式美的基础。和谐的比例给人以美的感受，也给版面增加了活力。（见图165）

（5）对比与调和

在广告编排设计中，把图形、文字、色彩等要素综合考虑，相互结合，相互作用，以突出个性，创造出差异，形成对比的效果，有效地突出广告主题和产品个性特征，会产生多种强大的表现力。如线的长短、粗细、疏密、形的大小、高低、方圆，物的主次、软硬、聚散，画面的虚实、动静、明暗等一系列对比因素。强烈的对比会使视觉效果活跃、鲜明，而调和的意义在于设计要素在整体中得到和谐统一。调和会有柔和、安详、雅致、内向、单调的视觉感受。对比与调和要相互呼应，默契配合，对比中有调和，调和中求对比。广告设计中采用什么样的对比与调和方法突出主题，吸引读者的注意力，要根据创意和策略以及目标受众等因素来决定。（见图164）

5. 平面广告创意设计常用的构图法则

平面广告编排设计的构图多种多样，具体运用何种构图形式要根据广告创意要求和产品特征来确定。下面介绍一些常用的构图。

图124　依云矿泉水系列广告

图125　Meccano玩具广告

图126　国家地理杂志广告

（1）横向构图（水平构图）

水平构图的版式平衡安定，结合画面的构成、对比、错落，使画面静动结合。（见图127、图128、图129、图130）

（2）纵向构图（垂直构图）

其具有延伸力、艺术感、威严性，符合视线自上而下的流程，是一种艺术感较强的构成形式。（见图131、图132、图133）

（3）镜像构图（对称构图）

将设计构成要素以上与下、左与右的方式对称排列，形成规律性、节奏感。（见图134、图135、图136、图137、图138、图139、图140）

（4）平衡构图（均衡构图）

图像（形）放在版式的左或右，商标、标题、文案处于反方向，两边的图像不相同也不对称，但空间联系与视觉张力接近，也可以对角设计文字、图形。（见图141、图142、图143）

（5）曲线构图（圆形构图）

图形以曲线为主，充满页面或居中排列成曲线、圆形、弧形，强调形式感，使视觉集中饱满。（见图144、图145、图146）

（6）自由构图（散点构图）

即自由构图，将版式构成要素作不规则的散点自由排列，以达到活泼轻松的视觉呈现，但要“乱中不乱”，和谐统一，否则视觉结构难以驾驭。（见图147、图148、图149）

图127　Scrabble平面创意广告1（水平构图）

图128　Scrabble平面广告创意2（水平构图）

图129　口吃基金会广告（水平构图）

图130 滴露洗手液系列广告（水平构图）

（7）轴形构图（中轴形构图）

视觉中心是诉求重点，把广告内容分别放在中轴、横轴的轴线两侧、单侧、上侧、下侧。（见图150、图151、图152、图153）

（8）斜切构图（倾斜构图）

使文字、图形根据构图倾斜，动感与张力不断拉伸，从而吸引受众视觉。（见图154、图155、图156-1、图156-2、图157）

（9）焦点构图（交叉构图）

广告构成元素与文字形成交叉的动势，视觉醒目而简约。（见图158、图159、图160、图161）

（10）曲线构图（S形构图）

这是中国传统绘画常用的构图，文字与图形排列呈S形或倒置S形。（见图162、图163、图164、图165）

（11）支点构图（三角形构图）

把文字、图形组合成正三角或倒三角，三角坚固稳定，倒三角、倾斜三角具有动感。（见图166、图167、图168、图169、图170、图171、图172）

（12）跨越构图（切入构图）

将广告构成要素从页面四边作不完全切入构图，形式感强、动静结合。（见图173、图174）

图131 @HOME家居与日用品广告（垂直构图）

图132 evdefitness.com广告（垂直构图）

图133 雀巢咖啡广告（垂直构图） 作者：戴梦娇

图134 宝路狗粮广告（对称构图）

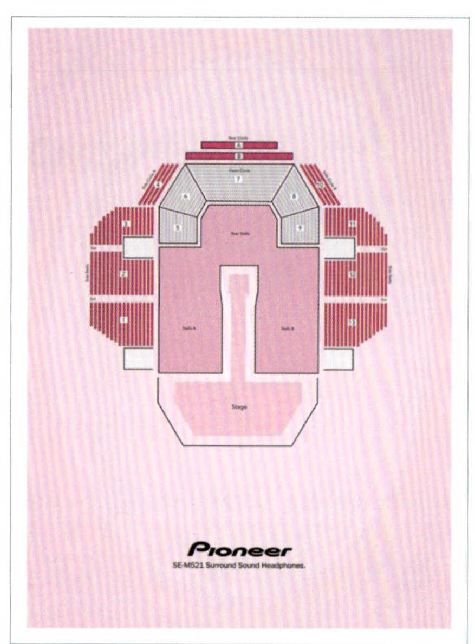

图135 先锋耳机系列广告（对称构图）

图136 AAPC平面广告（对称构图）

图137 Citron平面创意广告（对称构图）

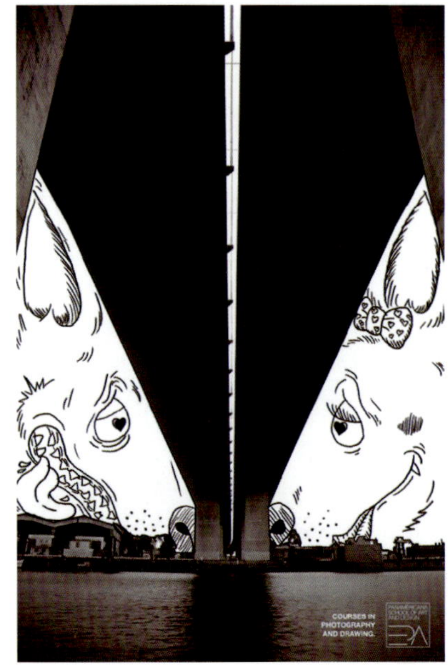
图138 教育系列广告（对称构图）

图139 绿色家园广告（对称构图）作者：孙亿文

图140 健力士平面广告（对称构图）

图141 Viru Keskus平面广告（均衡构图）

图144 阿司匹林医药系列广告（圆形构图）

图142 Postepay公共服务广告（均衡构图）

图143 Transport for London运输广告（均衡构图）

图145 Vilnius Birdie平面广告（圆形构图）

图146 Continental轮胎广告（圆形构图）

图147 KY Gel平面广告（散点构图）

图148 Al Sabeh Cement广告（散点构图）

图149 奔驰汽车平面广告（散点构图）

图150 乐高平面广告（中轴构图）

图151 Acuario Inbursa娱乐广告（中轴构图）

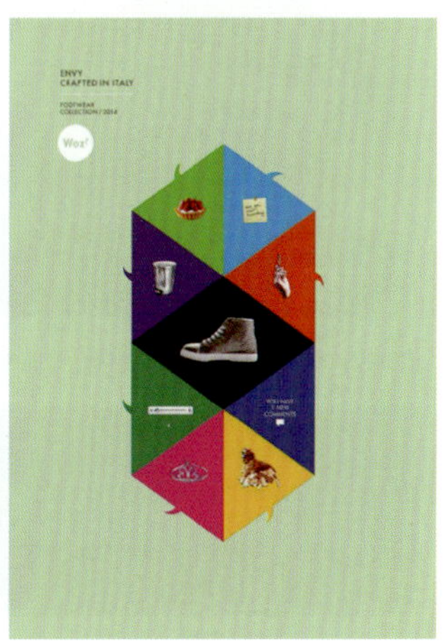

图152 WELOVEAD服装广告（中轴构图）

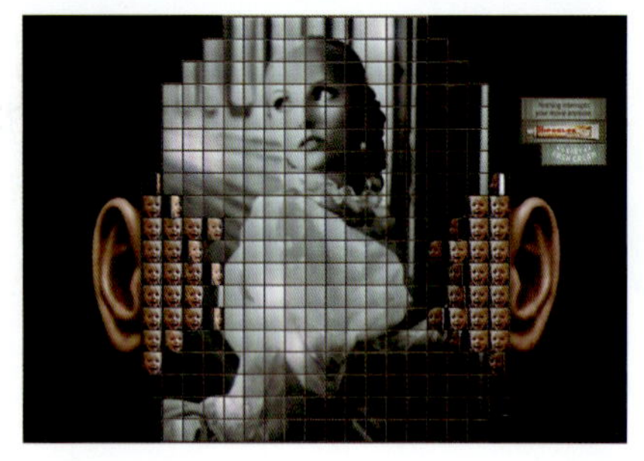

图153　Hipoglos医药广告（中轴构图）

图154　Koroplast平面广告（倾斜构图）

图155　西湖印象之丝琴画意广告（倾斜构图）

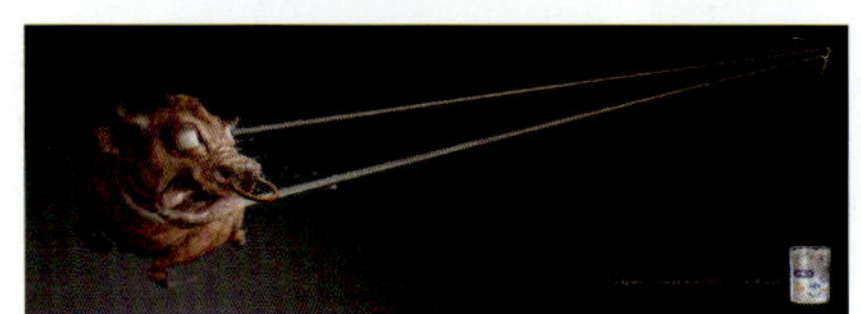

图156-1　Saky美容广告（倾斜构图）

图157　Staedtler笔系列广告（倾斜构图）

图158　Keloptic眼镜系列广告（文叉构图）

图159　Kommerling平面广告（文叉构图）

图156-2　Saky美容广告（倾斜构图）

图160　Jardiland狗粮广告（文叉构图）

图161　学术广告（文叉构图）

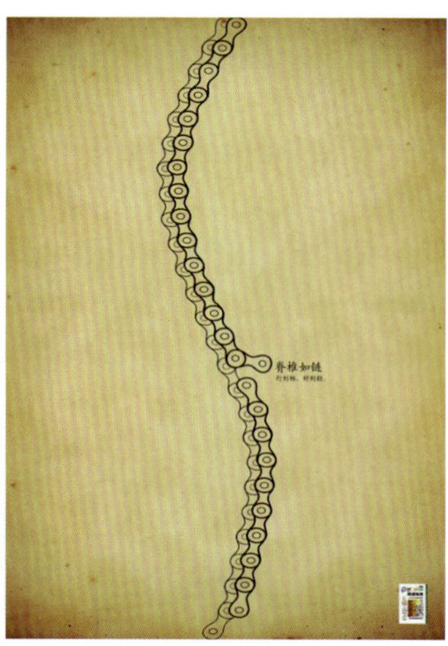

图162　骨通贴膏平面广告（S形构图）

（13）棋盘构图（网格构图）

这是常用构成的几种形式之一，页面由不同规格的图形、图像并置，可以等规格排列，也可异规格并置，使画面富有节奏感、序列性。（见图175、图176、图177、图178、图179、图180）

（14）减法构图（空白构图）

页面作“减法”，把图形、文字放在版面的某一局部上，周围大面积空白，使图形、文字集中、紧凑，以减胜繁。（见图181、图182、图183、图184）

（15）字体构图(字母构图)

从A～Z的26个英文字母，每一个都是很好的构图，都有各自的视觉效果。（见图185、图186、图187、图189、图190）

（16）自由版式构图

当前主流的构图形式之一，也是所有构图中难度最大的结构，该构图具有字图一体性，版心无疆界性，字、图、光影空间的混合性等特点。版式构图“形散而神不散”。（见图191、图192、图193）

这里只是些常用的构图，另外，还有重复的构图、渐变构图、放射构图、重叠构图等。所有平面构成原理也都可以编排设计成构图版式，这里就不再列举了。

水无常形，设计也无定法。关键在于我们在设计时，根据产品个性特征和广告创意要求进行深入研究和灵活运用。不断提高驾驭平面空间的能力，在实践中能设计出千变万化的构图形式来。（见图194～图199）

图163　华为手机广告　广州旭日因赛广告公司（S形构图）

图164　可口可乐广告（S形构图）

图165　Aktur平面广告（S形构图）

图166　激浪平面广告（三角形构图）

图167　Villa Forma Gym广告（三角形构图）

图168　Divyayog广告（三角形构图）

图169　J eep汽车广告（三角形构图）

图170　Shirley Price 精油广告（三角形构图）

图171　出版社广告（三角形构图）

图172　士力架广告（三角形构图）

图173　Stories!平面广告（切入构图）

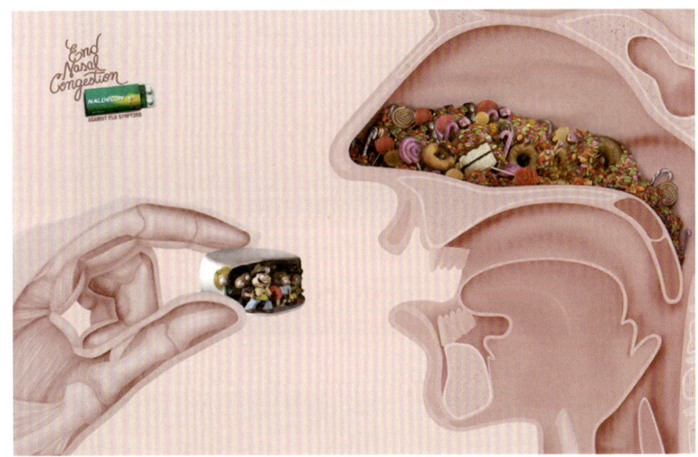

图174　Naldecon药品广告（切入构图）

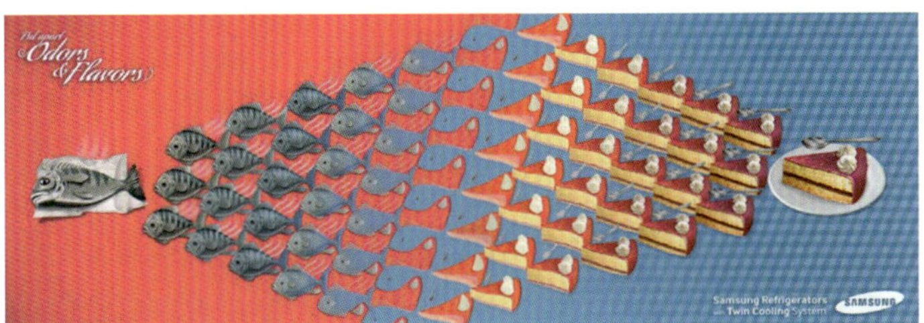

图175　三星平面广告（网格构图）

图176　Jeep汽车广告（网格构图）

图177　NewYork户外广告（网格构图）

图178　GSR电子广告（网格构图）

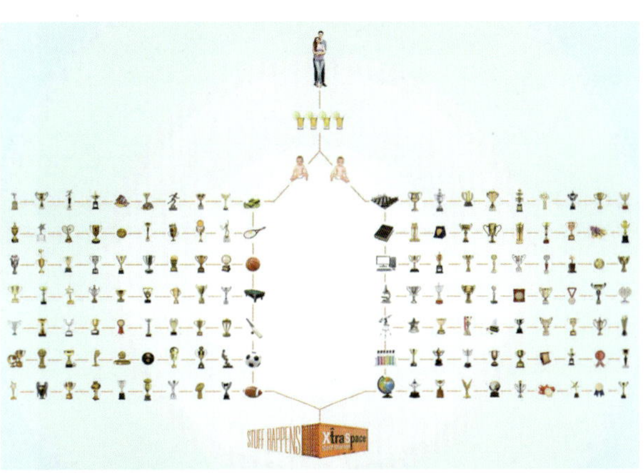

图179　XtraSpace self-storage平面广告（网格构图）

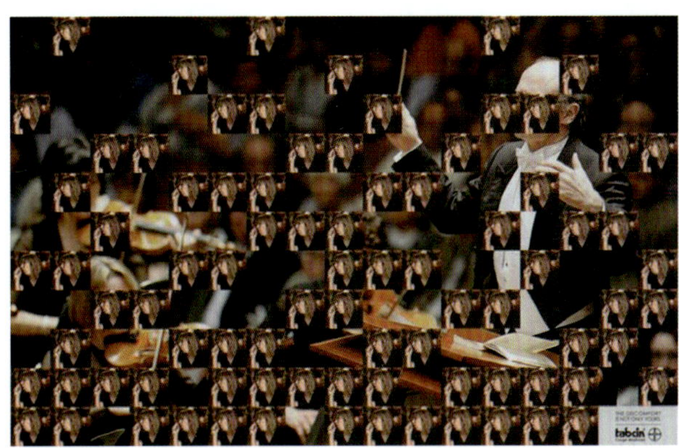

图180　Tabcin拜耳止咳药（网格构图）

图181　本田汽车广告（空白构图）

图182　Stop Censorship广告（空白构图）

图183　Purell平面广告（空白构图）

图185 菲亚特平面广告（字母构图）

图186 公益广告（字母构图）

图184 Faber-Castell广告（空白构图）

图187 Folha杂志广告（字母构图）

图188 The Irish Times 平面广告（字母构图）

图189 Printfriendly.com平面广告（字母构图）

图190 字母广告（字母构图）

图191 大卫·卡森书籍广告（自由版式构图）

图192 莫斯科金蜂奖广告（自由版式构图）

图193 Talidat胃药广告（自由版式构图）

图194 麦当劳广告（自由版式构图）

图195 杀虫剂广告（自由版式构图）

图196 Odessa Poissonnier食品广告（自由版式构图）

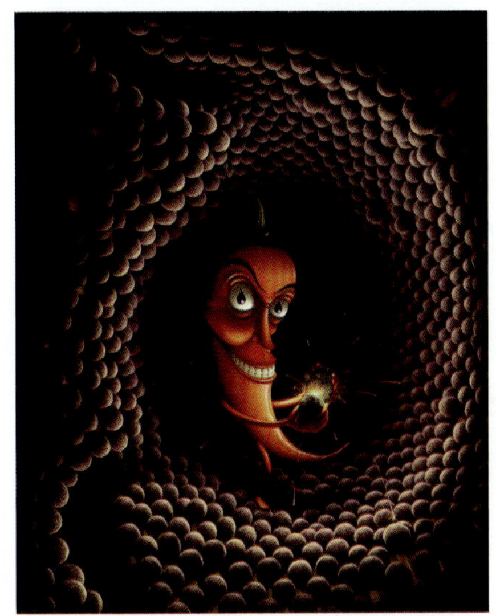

图197 Gastal胃药广告（自由版式构图）

图198 大卫·卡森户外广告（自由版式构图）

图199 国家经理人采购联盟系列广告（自由版式构图）

图200　福特汽车广告

第五节　影视广告创意设计与制作

这里的影视广告不是指电影广告，而是指摄影广告和电视广告。摄影广告是以商品为主要拍摄对象的一种摄影，通过反映商品的形状、结构、性能、色彩和用途等特点，从而引起顾客的购买欲望。在商品竞争十分激烈的时代，优秀的摄影广告作品，是增加竞争力的重要环节和手段。摄影广告是传播商品信息、促进商品流通的重要手段之一。摄影广告是一种依附于经济活动的摄影创作，但又不是纯经济交往的活动，其本身就带有强烈的艺术创作色彩，一切静物、风景、人物、建筑、体育、舞台等各类题材都可以成为广告摄影的拍摄对象。因此，摄影广告是全方位、全能的摄影。

电视广告，是一种以电视为媒体的广告，经由电视传播，是电子广告的一种形式。它是兼有视听效果，并运用了语言、声音、文字、形象、动作、表演等综合手段进行传播的信息传播方式。它通常用来宣传商品、服务、组织、概念等。电视广告从创意设计脚本到拍摄以及后期制作，要动用创意文案、导演演员、摄像灯光、道具场景、服装音乐、配音伴奏、后期编辑以及电脑制作等。电视广告发展至今，其长度从数秒至数分钟皆有（也有长达10分钟的广告杂志，以及长达整个节目时段的“资讯型广告”，又称电视购物）。各式各样产品皆能经由电视广告进行宣传，如家用清洁剂、农产品、服务等。电视广告与广播媒体一样，电视也是瞬时媒体，受众对电视广告所持的是“冷眼”的态度，要使其成为面对面的销售方式，就要在创意方面加倍努力，以独特的技巧和富有吸引力的手法传达广告信息。

1. 电视广告的基本要素

（1）画面要素

画面是指经过摄像机而被摄入胶片或磁带上的一幅景物，它是影视最小的构成元素。一个画面可称为一个镜头，但一个镜头有时不止一个画面，因为镜头是动态的画面。也可以用分镜头来形容动态的画面，但分镜头包含的内容还是比画面要大得多。广告创意设计人员在拍摄广告前要先画好分镜头脚本，把广告创意内容的草案用分镜头画面表现出来。

（2）声音要素

电视广告是通过观众的视觉和听觉进行感受的，而声音便是听觉的感受对象。电视广告的声音大体分为人声、乐声（器乐与声乐）、音响（效果声，如：雷、雨声、风声等自然声和人为声）三个部分。在电视广告里，声音不仅仅是画面的解释说明，它还以相对的独立性与画面产生相互作用：相互强调，相互冲突，时而统一，时而分立。

（3）时间要素

对于广告的创作与传播来说，起重要作用的是视觉、听觉和知觉三种认识形式与感知途径，但是要想达到广告目的，仅仅靠感知阶段是不够的，还必须上升到记忆与联想阶段。

人对电视广告的认知时间，人的眼睛能看清一个画面一般需要1秒钟以上，因此作为电视广告的中心画面或主要信息画面不能少于1秒，如果是商品外观、品牌等需要受众记住的画面则要停留的时间更长一些，否则无法留下清楚的记忆。一个完整的电视广告应该不少于30秒钟。

电视广告三要素之间相互组合，相互作用，缺一不可。这三大要素的有机结合，才使得电视广告效果如此强大。

2. 创意设计电视广告分镜头脚本的方法

电视广告分镜头脚本也称为TV-CF，通常开始是用手绘的方法，类似连环画的形式画出来的。首先收集广告产品各方面的资料，掌握产品的个性特征及主要功能，根据广告总体策略和广告定位，紧扣广告主题和广告诉求点开始创意设计，关键是想出一个绝妙的“点子”。

图201　东芝电脑广告欣赏（2013戛纳全场大奖）

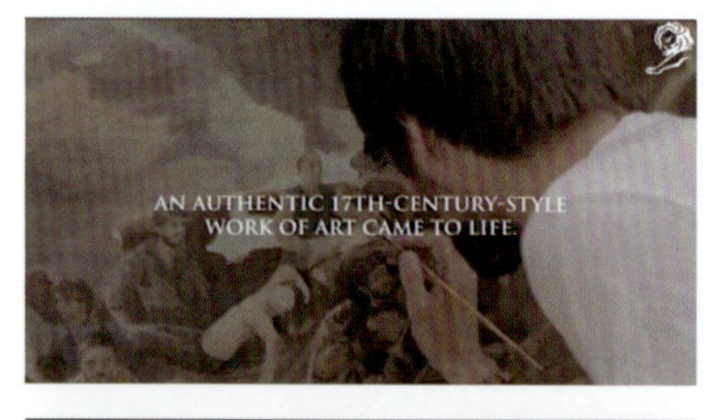

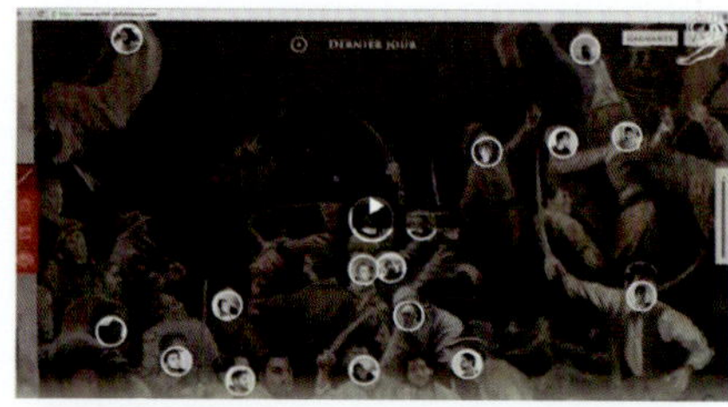

图202 Ubisoft游戏与玩具广告

（1）广告咨询调研，将所有收集的电视广告资料整合、提炼、归纳、分类。

（2）提炼出电视广告的重要特征，紧扣广告主题、广告诉求、产品调性，再转换为联想。

（3）针对产品在日常中的习惯性、传统性规律，综合运用点状思维、发散性思维、软性思维、弹性思维。

（4）将广告诉求点用现代时尚的、差异化的、客观通俗的语言进行描述或赋予它生命的活力。用动态的表达形式设想。

（5）将产品调性、广告主题、广告诉求与世上万物相关联，甚至是天马行空的抽象概念相整合，进行放射性联想。

（6）运用逆向思维，转变思维方式及理念，甚至完全乾坤颠倒。

（7）把商品特征拟人化处理：人物化，动物化，或转化为超现实的、静止的、超能量的以及动力机械的形态。

（8）通过上述过程勾勒出创意框架，接着运用各种不同的手法加以渲染处理：幽默的、悬念的、魅惑的、梦幻的、象征性的、浪漫性的、夸张性的表现。

（9）将想象力创意与现代时尚、热点新闻、知名人物、喜闻乐见的视觉元素、引人入胜的广告语，人们关注的影、视、歌演员相互空间置换。

（10）下一阶段重点考虑用何种表现形式：喜剧、短剧、舞蹈、歌剧、情报等以及具体情节内容、广告语等。

（11）为了给剧组团队实际拍摄制作人员提供依据，具体的情节用连环画等形式表现出来。（见图200、图201）

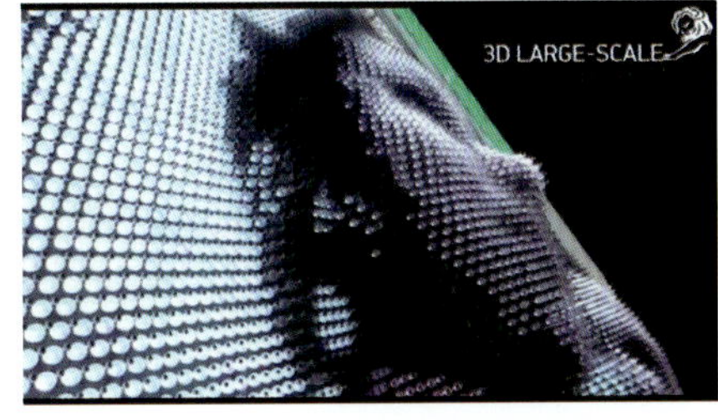

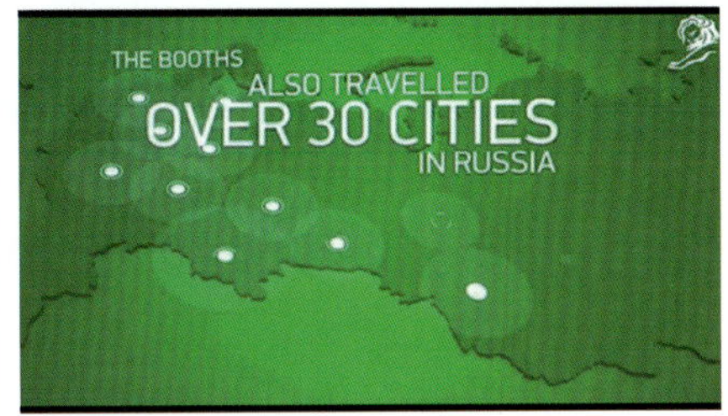

图203 MegaFon公共服务广告（戛纳国际创意节 2014）

（12）在连环画旁标注出情节、语言、内容、音乐、镜头手法等具体要求，便成为电视广告分镜头脚本。创意要进行大胆突破的想象、联想和多向思维，把看似无关联、不相关的两个事件或事物用创意艺术手法紧密联系，创造出新、奇、特，并具有说服力的、有效的电视广告作品。

我们刚开始训练时，不一定把场面搞得很大、很复杂，可以先尝试着做一些简单的创意练习。例如：我们的想法是进行社会实验，我们邀请了素描画家画出一个女人的肖像，首先她进行自我描述，然后一个陌生人对她进行描述。艺术家自始至终没有见过妇女本人。从简单的描述进行创作，然后比较，妇女承认的陌生人是在自己描述肖像的基础上，使自己更美丽，更快乐，描述更准确。（见图205、另见图202、图203、图204、图206）

3. 电视广告设计的主要因素

（1）电视广告应该有中心画面

中心画面主要是表达广告创意和广告主题的画面，通常在广告的后半部分或广告结尾的5秒钟内。要以出奇制胜的手法给受众留下深刻的印象。

（2）电视广告中的“蒙太奇”

蒙太奇是法语“Montage”的译音，原意为构成、装配，后移用到影视术语中。蒙太奇是影视构成形式方法的总称，是影视艺术的构成语言方法之一。在创作中，将所要表现的内容分成许多镜头，分别进行拍摄，然后按原定的创作构思，把这些不同的镜头有机地组织起来，使之产生连贯、对比、联想、衬托、悬念等，从而构成一部完整地反映广告产品，表达广告创意及主题，又能使广大受众理解的广告片。蒙太奇不仅表现画面与画面之间的组合关系，也包括画面、声音、色彩之间的相互组合关系，这些组合关系都是为内容服务的，蒙太奇的作用主要表现在能够创造各种不同的节奏，可以超时空地把不同时间、地点的片段有机地编辑组接起来，使影视中时间与空间的变换具有令人信服的真实感，通过声画分立、声画同一而产生特殊的艺术效果。常用的蒙太奇手法有：

① 镜头蒙太奇。指影视镜头的内部运动，也就是在一个镜头内反映单一或丰富的内容。

② 结构蒙太奇。就是镜头外部的组接，两个以上镜头或片段的组接。

③ 平行交叉蒙太奇。把同一时间、不同地点发生的几件事，一件接一件地交替表现，使观众看到同一时间内几件事的发展过程。

④ 叫板蒙太奇。类似京剧中的叫板，就是用上一段戏的最后一句台词，引入下一段戏。

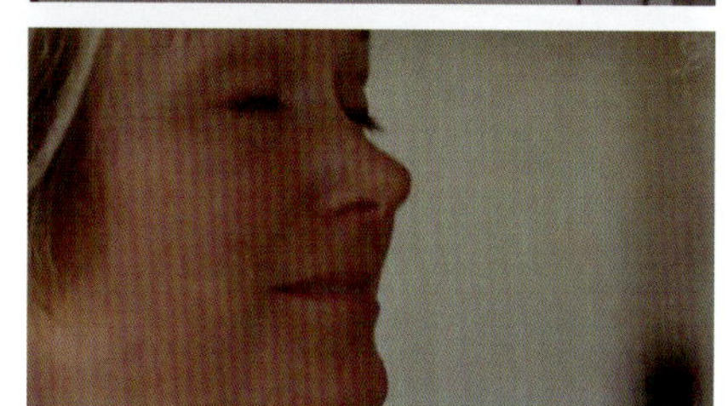

图205　多芬美容广告

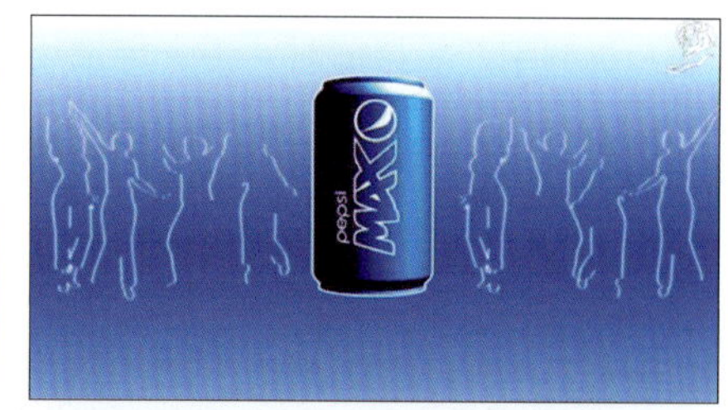

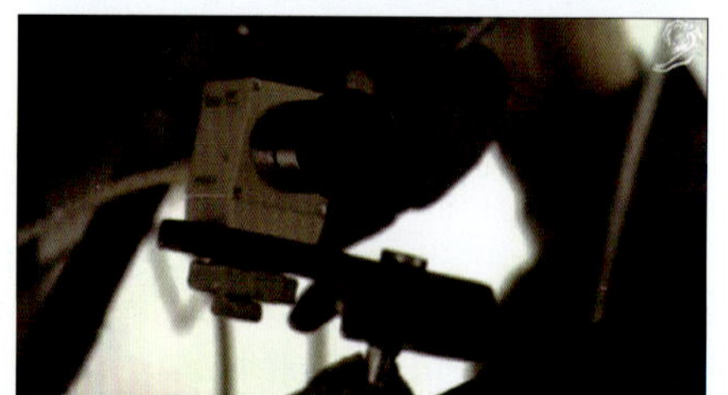

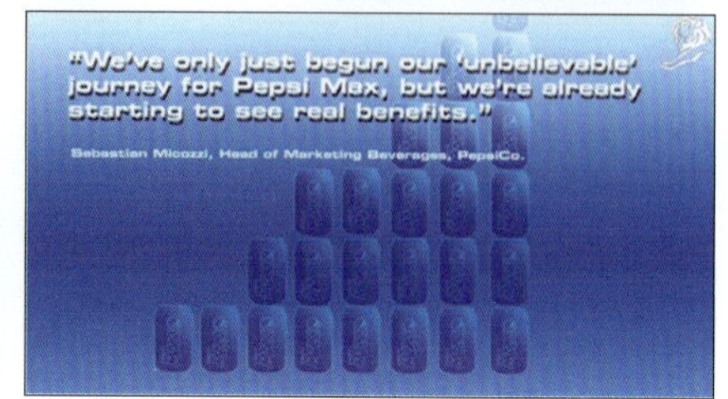

图204　百事可乐广告

⑤ 错觉蒙太奇。就是故意让观众以为下一步应该是这样，是意料之中，但却偏偏不是这样，使观众出乎意料之外，借此造成强烈的印象和令人关切的悬念。

（3）长镜头

长时间拍摄的一个镜头，运用推、拉、摇、移的长镜头，能在一个镜头内形成不同的画面。

（4）时空关系

在电视广告创意设计前要对未来的广告片作几种时间上的设计和空间关系的处理，设计出5秒、10秒、15秒、30秒、60秒等不同作用的广告片。电视广告是在空间形式中展开的时间，时空关系是相互联系、相辅相成的。

（5）节奏

节奏是影视作品结构的基本因素之一，要根据产品的个性特征、创意和主题的需要，赋予广告片一定的节奏。

（6）商品的演示与功能示范

电视广告中的商品演示，要充分、鲜明地突出商品的主要特征。功能示范要注意真实、准确、实事求是，不要做过分的艺术夸张。

（7）声音与画面组合

声音在电视广告中是为画面服务的，声画并茂有以下几种处理手法。

① 纯写意音。完全脱离写实意义的声音，多指背景音乐。

② 纯主观音。指在画面中见不到发音者而发出的声音，即画外音。

③ 写实音。就是画内音。画内人物、事物发出的声音。

④ 声画合一。声音与画面中的发音者一致。

⑤ 声画分立。声音同画面不是机械地配合，而是各自独立发展。

（8）文学语言

电视广告的文学语言要尽量精练，配合画面，准确无误地反映出广告产品的个性特征和诉求重点以及广告主题。文学语言在电视广告中也称为广告语。

4. 电视广告的表现形式

常用的电视广告表现形式有：故事式、生活片段式、解决难题式、悬念式、示范式、名人推荐式、用户印证式、象征式、幽默式、历史回顾式、音乐取胜式、画面取胜式、三维或二维动画式等特殊效果方式。

5. 电视广告的制作程序

电视广告很短，通常时间为30秒钟左右。但“麻雀虽小、五脏俱全”，它的制作与拍摄一部电视短剧差不多。在广告主通过了创意设计方案后，开始找演员—选景（或搭景）—检查—摄制—编辑（剪接）—配音合成等程序，有时还需制作电脑动画，比如企业的标志、商标、名称字体等（见图207），所以说电视广告是所有广告媒体中，制作程序最复杂的一种广告形式，但同时也是最有效的一种形式。

思考题：

1. 何为广告创意？
2. 何为优秀的广告创意？
3. 如何正确理解广告创意的九个维度？
4. 何为广告创意设计的宏观流程？
5. 何为编排设计？编排的程序如何？
6. 编排设计的形式美规律有哪些？
7. 平面广告编排设计常用的构图有哪些？
8. 如何理解电视广告中的“蒙太奇”？
9. 如何创意设计电视广告分镜头脚本？
10. 电视广告制作程序是什么？

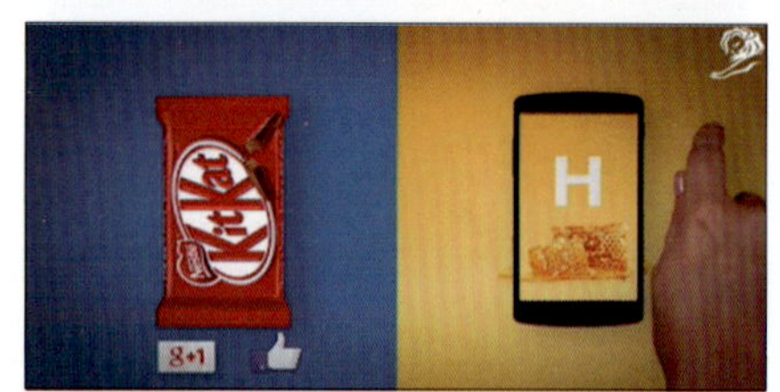

图206　巧克力广告

作业安排：

1. 运用广告创意密码（广告创意的九个维度），创意设计平面广告10幅。其中报纸广告2幅，杂志广告3幅，招贴广告1幅，户外广告2幅，其他平面广告形式2幅（任选）。

2. 为该产品设计一个电视广告分镜头脚本，制作手段不限。

单元要求：

目的在于使学生们掌握广告创意设计制作的创造性思维方式和基本技法，提高实际操作能力，为广告实战打好基础。要求广告作业要运用创意九个维度，并符合广告媒体的特征和要求，广告主题鲜明、定位准确，视觉传达到位。真正达到能够为企业促销产品的广告目的。

图207　WWF公益广告

第三章

THE THIRD CHAPTER

广告与市场营销、传播、公关、文化

图208　Scrabble平面广告创意

图209　MONOPOLY游戏创意广告

图210　Coffee平面广告

第一节　当代广告与市场营销

1. 市场营销观念

市场营销观念是一种新型的企业经营哲学，是以满足顾客需求为出发点的。市场营销观念认为，实现企业各项目标的关键，在于正确确定目标市场的需要和欲望，并且比竞争者更有效地传送目标市场所期望的物品或服务，进而比竞争者更有效地满足目标市场的需要和欲望。

市场营销观念的出现，使企业经营观念发生了根本性变化，也使市场营销学发生了一次革命。市场营销观念同推销观念相比具有重大的差别。

西奥多·莱维特曾对推销观念和市场营销观念做过深刻比较，指出：推销观念注重卖方需要，市场营销观念则注重买方需要。推销观念以卖主需要为出发点，考虑如何把产品变现金；而市场营销观念则考虑如何通过制造、传送产品以及与最终消费产品有关的所有事物，来满足顾客的需要。可见，市场营销观念四个支柱是：市场中心、顾客导向、协调的市场营销和利润。推销观念四个支柱是：工厂、产品导向、推销、赢利。从本质上说，市场营销观念是一种以顾客需要和欲望为导向的哲学，是消费者主权论在企业市场营销管理中的体现。

2. 广告目标市场定位与广告对象

目标市场定位，就是企业为自己的产品选定一定的范围和目标，满足一部分人的需要的方法。任何企业，无论其规模如何，都不可能满足所有顾客的整体要求，而只能为自己的产品销售选定一个或几个目标市场，这就是所谓的市场定位。企业的目标市场定位不同，销售策略不同，广告策略也不一样。目标市场是广告宣传有计划地向指定市场进行传播活动的对象。因此，在制定广告策略时，必须依据企业的目标市场的特点，来规定广告对象、广告目标、媒介选择、诉求重点和诉求方式等。

企业选择目标市场是在细分市场的基础上进行的。商品市场按消费者的需求和满足程度来分，有同质市场与异质市场两类。同质市场是消费者对商品的需求有较多共性、消费弹性小、受广告影响不大的商品市场。一些生活必需品就是属于这一类型。异质市场则与同质市场相反，它是指顾客对同类产品的品质和特性具有不同的要求，强调商品的个性，消费弹性较大，受广告的影响也较多的商品市场。绝大多数商品市场都属于异质市场。在满足消费者需求时，不仅需要考虑到生理上的需要，而且还要考虑心理上的需要。生理上的需要有一定的限度，心理上的需要则是变幻莫测的。因此，在同类商品总市场上，企业可以依据消费者生理上和心理上的需求，以及企业自身的经营条件，将市场细分成许多子市场，然后再依据目标市场的特点，制定企业的营销策略，并采取相应的广告策略。由于市场可以细分，在市场经营和广告宣传中就可以运用不同的策略手段，争取不同的消费者。依据市场来制定销售策略，一般可分为无差别市场策略、差别市场策略和集中市场策略等三大类。针对不同的情况，广告策略也采取相应的形式：无差别市场广告策略、差别市场广告策略和集中市场广告策略。

广告对象是指广告信息传播的目标市场。在广告计划中，要确定广告的诉求对象，即广告能引起哪些人的注意、兴趣，激发哪些人的购买行为。确定了广告对象，才能有针对性地制定吸引这些人注意力、激发他们购买欲的广告。要找准广告对象并不容易，广告对象要经过周密布置和细致划分才能确定。找准广告对象的指标有多种，比如，性别、年龄、文化、收入、职业等。

在广告活动中，还有很多环节要运用市场营销原理，如消费者行为与广告、竞争对手分析等。

图211　杂志社平面广告

图212　999红糖姜茶广告　作者：周文聪

图213　宝路平面广告

图214　@HOME家居与日用品广告

3. 广告在市场营销中的位置和作用

广告属于促销手段，它是一个局部要素，与其他要素组合才能充分发挥作用。说它是一个局部要素，并不等于说它不重要。首先，它所处的位置是无法替代的，其次，市场营销的实践证明，在外部环境日益复杂的状况下，企业内部的可控要素组合也向多元化、立体化发展。各要素服从总体目标，有机组合，相互作用，是现代市场营销战略的一个重要特点。

在现代促销组合领域中，广告发挥着什么作用呢？广告与宣传、人员推销与推销活动都有一个共同特点，这就是要向消费者或用户介绍或宣传某一产品或服务的特点，通过对某产品的信息传播使消费者产生印象、好感、理解以至购买或使用。也就是说，它是一种促使消费者心理变化的信息传播活动。消费者从一无所知到有所行动，通常要经过心理变化四阶段：感知、理解、确信、行动。

在“感知阶段”，广告的作用最大，但随着阶段的推进，广告的效果就会逐步减弱，而人的推销作用会增大。当然，由于商品类型的不同，作用的程度也就不同。

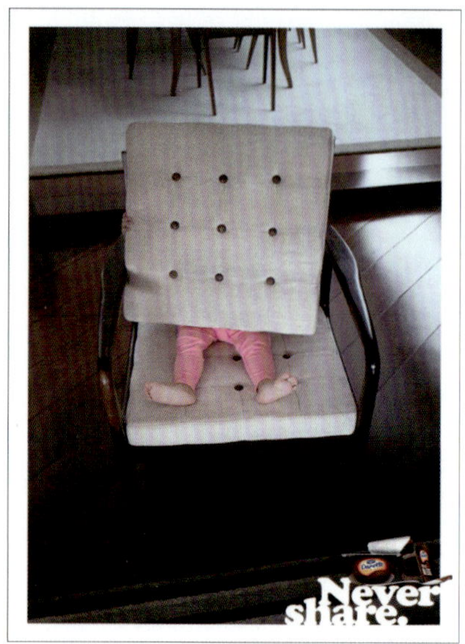

图215　达能食品平面广告

图216　奥迪汽车平面广告

图217　麦当劳平面广告

图218　Velform美容健康广告

第二节　传播原理在当代广告中的实践

传播功能是广告活动最基本的功能，所以，研究和学习传播在广告活动中的原理与应用是十分必要的。

1. 广告传播的概念

广告与传播有着特别密切的关系。在其发展的过程中是以整个传播学体系作为自己的依据的，从本质上说广告就是一种信息传播过程，必须依靠各种传播手段，广告信息才能传递给一定的受众。广告现代化的过程也是和传播技术现代化的过程并驾齐驱的，而作为广告效果的评定，在相当大程度上也取决于其与信息传播学规律的吻合程度。消费者参与后，广告才能成为完整的活动。当发送者与接收者双方都分享到被传播的思想，传播才有意义。

图219 《育》公益广告 入选第十届全国美展 作者：孙亿文

图220　旅游与运输系列广告

图221　健力士饮料系列广告

图222　尼桑汽车系列广告

2. 广告传播的过程

广告并非静止的展示，而是动态的过程。从动态的角度来看，任何一种刺激都会引起反应，这就是心理学中所说的S→R模式（Stimulus→Respond）。如果把传播作为一种刺激形式，那么就必然会有相应的反应（即反馈），就像开枪射击一样，传播学称之为“枪弹论”。这个理论认为，击中目标的子弹越多，反应也就越强烈。实际并非如此，大量的调查证明，现代社会人们在传播过程中，并不像“枪弹论”所认为的那样被动，人们有能力筛选，过滤那些不必要的信息，而且在传播过程的每一个环节中，还有另外一些因素会以“噪声”（SS）的形式来干扰信息的传播和反馈。

图223　Bango Sweet Soy Sauce广告创意设计

如果把现实生活中所有的可能性都考虑到的话，广告传播的过程也许会变得更复杂。

3. 广告传播过程中的要素

以上简要地讲解了广告传播过程，概括起来，它的基本要素有八个：

（1）信源（广告主）；

（2）编码过程（广告代理公司或创意设计者）；

（3）信息（设计制作好的广告稿件）；

（4）传播渠道、方式（媒体或其他）；

（5）译码过程（理解程度和过滤）；

（6）受众（信息的目标）；

（7）反馈（信源交流实际完成的程度和效果）；

（8）噪声（各种干扰因素）。

信源和受众是传播过程的参与者；信息和传播渠道是参与者借助的传播物体或沟通桥梁；编码、译码和反馈是传播过程的功能，噪声是妨碍传播效果的各种因素。我们在广告实践应用中，要根据这八个传播要素来策划设计广告，尽量减少信息在编码、传播、译码、噪声等过程中的损失和扭曲。

4. 广告的传播功能

传播功能是广告最基本的功能，广告有四种具体的传播功能：促进功能、劝服功能、增强功能和提示功能。

广告的促进功能就是加强消费者现有的需求和欲望，使他们感知和了解广告信息。这种形式的广告具有较强的信息性，一般多用于广告产品导入期，也就是产品正在进入市场的时期。

劝服功能主要体现在：广告不但要加强消费者现有的需求和愿望，让他们感知和了解信息，更要增强他们的感觉和情感，使他们偏好于某一产品。该功能通常用于产品生命周期的成长期和成熟阶段，此时，市场竞争激烈，消费者已经感知并基本了解了产品所带来的利益。

其他两个功能是增强功能和提示功能。它们一般出现在购买行为后。该功能通常用来保证消费者的购买决策，以确保对某些产品或服务的少量购买，如保险、汽车、电脑、电信服务等。

图224 Beeline旅行箱平面广告

图225 Koroplast平面广告

图226 A-Tap家居与日用品广告

图227 第六届全国大广赛等级奖 oppo公益广告 作者：程超 指导老师：孙亿文

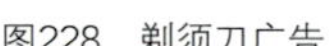

图228 剃须刀广告

图229 IndieJunior 2014平面广告

提示功能提醒消费者的习惯性购买行为，通常用在产品生命周期的成熟阶段或衰退阶段，一般是消费者经常购买的产品，广告强调品牌、精练、易懂、一目了然。

现代广告要实施任何一种传播功能，都需有一系列的传播活动发生，即“对谁说”“说什么”与“怎么说”，再加上发布策略的“何时何地说”。传播组合方式是多种多样的，不一定固定为某一种，但相对固定的因素也是存在的，就是传播功能带来的广告传播效果层次。效果层次由浅入深：① 认知（感知和理解）层次；② 情感体验（喜爱和偏好）层次；③ 行为（尝试和购买）层次。这三个方面，程度上是有区别的。在很多人眼里，广告传播功能的第一步是让消费者对产品先有认知，等对产品了解以后，再通过广告培养消费者对产品的喜爱和偏好，然后消费者才会产生购买行为。这种认识有它的道理，但也有较大的片面性，从传播功能来看，效果层次的有效性并不一定按照以上的认识那样由浅至深的次序排列，三者的顺序有时是可以互换的，至少表现为有三种顺序结构。

（1）当消费者对广告上的产品开始真正感兴趣，竞争品牌间的差别比较明显时，广告主利用大众传播媒介大势促销，常规认知层次顺理成章体现，其结构为：认知、情感、体验、行为。

（2）当产品需求处于重要位置，其他选择不明确（如品种、品牌、价格、销售渠道等），以人员推销为主要手段时，其结构表现形式为不和谐归属层次（行为、情感、体验、认知）。

（3）当竞争品牌之间的差别微乎其微，何种产品对购买者来说无所谓（如方便面、饮料等），需要反复地传播信息，使品牌在消费者心中保持新鲜感时，低度参与认识层次（认识、行为、情感、体验）的结构形式便表现出来。

由于篇幅限制，这里只是蜻蜓点水地讲到广告传播的最基本原理和常识，如果作为广告专业学生，则应该更进一步地深入学习和研究。

第三节　当代广告与公共关系

现代广告，不管是从表现手法、策划创意上来讲，还是从营销目标、市场战略上来看，都与公共关系有很多相似之处和密切联系，但是也有区别。

1. 广告与公共关系的联系与区别

广告作为企业的一种促销手段，它以推销产品和服务为核心内容，而公共关系本来侧重于人际关系，强调人的关系和谐，并逐渐转向对个体与社会形象的重视，针对企业劳资关系紧张及企业与社会环境矛盾日益突出，进行协调、平息和沟通。从根本来看，公共关系与广告完全出自不同领域，两个概念均有各自的不同功能。

随着企业竞争日趋激烈、市场结构越来越复杂，广告和公共关系与时俱进，它们的功能都在不断延伸。广告功能从简单促销，向宣传推广甚至改变人们的生活习惯和思想观念等方向发展，树立企业形象与信誉被日益重视，目标更为远大。同样，在公共关系中，塑造组织形象逐渐成为统率全局公共关系运作的核心，它从被动适应环境向主动改良环境，积极影响环境，努力营造环境转化。广告与公共关系内涵不断拓展，二者之间逐步相互交叉，互相汇流，互相补充，成为不可分割的两大宣传推广手段。

从实际上看，广告运作借助很多公共关系手段，公共关系工作中也大量使用广告手段，比如企业导入CIS等工作就是公共关系手段与广告手段共同来操作运行的。

从理论来讲，广告学与公共关系学的许多术语相通，相互借鉴。学科界限逐渐模糊，几乎是融会贯通，成为一体。但是广告和公共关系有它们的内在联系和各自特点。

（1）内在联系

① 都以形象为核心；

② 都以传播信息为手段；

③ 都以市场营销战略为依据；

④ 都以目标公众为对象。

（2）各自特点

① 广告侧重竞争，公关侧重和谐；

② 广告追求即效，公关崇尚长远；

③ 广告诉诸利益，公关诉诸情感；

④ 广告“硬”用媒体，公关“软”用媒体。

（“硬”是硬性广告；“软”是新闻稿）

图230　Mouka平面广告

图231　Premier护肤品广告（象征法）

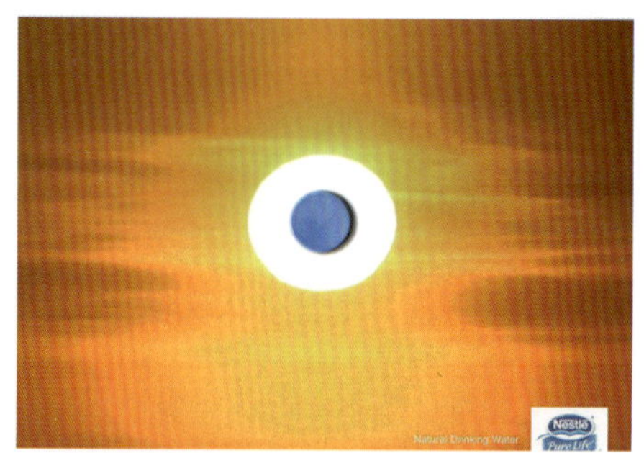

图232　雀巢平面广告

图233　DStv平面广告

图234　Sears眼镜广告

图235　Dukto drain opener平面广告

图236　雀巢平面广告

图237　Speak Well平面广告

总之，广告与公共关系如同手足，它们正在不断汇流与互补，对于广告人来说，公关既是必备的常识，也是广告运作中需要借助的有力武器。

2. 广告人必备的公共关系常识

作为一名未来的广告人，起码的公关知识必须了解并掌握，归纳起来有五点：

（1）公关含义

“公共关系”一词是从英文“Public Relations”翻译而来，意思是“公众关系”（社会组织需与内外公众建立良好关系），简称PR。它有三层内涵。第一，它是一种状态。不管社会组织和社会个人是否了解公关的概念，他们都有公共关系状态存在，它是与社会组织和社会个人相伴随的一种客观现象，与生俱有。第二，它指一项活动。当社会组织和社会个人为了各种目的，有意识地改善自己的公共关系状态时，就是在从事公共关系活动了。第三，它是一门学科。作为对公共关系状态和实践活动的理论抽象和概括，公共关系是一门独立的学科，即公共关系学。它的定义是：公共关系的实施是分析趋势，预测后果，向机构领导人提供意见，履行一连串有计划的行动以服务于本机构和公众利益的艺术和社会科学。

图238　Michelin平面创意广告

（2）公共关系的六条原则

① 公关原则。公共关系特指一定的社会组织与同它相关的社会公众之间的相互关系。对内求团结，对外求发展。作为一个组织赖以生存、发展的整体社会网络，其状态良好与否将直接影响到社会组织的生存和发展。

② 美誉原则。由于公共关系是组织与公众的关系，所以在公众之中树立组织的美好声誉和形象便成为公共关系活动的重要目的。

③ 互惠原则。公共关系以一定的利益关系为基础。强调平等相待，互惠互利。应该尽量让公众得利获益，本组织才能最好地、更多地获得利益。

④ 长远原则。公关着眼长远，必须经过长期艰苦工作，才能让公众知晓，记得，认同。

⑤ 沟通原则。达到公关目标的最佳方法是双向沟通，从彼此了解到相互信任，从互惠互利到互相依存。

⑥ 真诚原则，必须真诚面对公众，以心换心。作为企业首先要产品、服务质量好，其次要以诚相待，不欺骗公众，使公众对企业产生信任感。

（3）公关目标

公关目标，概括为一句话就是：塑造形象，建立美誉。

形象，并不是一个模糊的概念，它既有内部的层次之分，又有各层次的度量。首先，形象有内部的层次之分，即公关形象可以分为知名度（社会组织被公众知晓的程度）、可信度（公众对社会组织的信任度）和荣誉度（社会组织得到公认赞誉的程度）。它的每个部分又有科学的度量方法，所有这一切构筑了公关目标。其他凡是有利于塑造形象、树立美誉的活动都应该作为公关职能的方面，比如信息采集、咨询建议、传播沟通、社会交往、教育引导、协调商议等，也可以把它们称为公关的子目标。

（4）公关步骤

公关过程应该说没有统一的标准，通常分为四个步骤，也叫“四步工作法”。

① “看”。即了解本组织的现实形象和外部环境。

② “做”。即设计并实施公关形象和公关活动。

③ “说”。就是进行各种传播。

④ “听”。也就是收集公众的反馈信息，调整公关目标和策略。

（5）公关手段

公关手段指一切为达到树立形象等目的而使用的各种方法，常用的有如下十大手段。

① 宣传性公关。就是利用各种传播媒体向外传播，直接向社会公众宣传自己，以求最迅速地将组织的内部信息发布出去，形成有利的社会舆论。

② 交际性公关。主要是人际交往，目的是通过人和人的相互接触，为组织广结良缘，建立友好的、广泛的社会关系网络。

③ 服务性公关。是以提供各种服务为主的，如：售后服务、消费教育和指导等。

④ 社会性公关。以举办各种有组织的社会性、公益性、赞助性的活动为主。

⑤ 征询性公关。指以采集信息，舆论调查，民意测验为主的工作。

⑥ 建立性公关。就是在社会组织建立之初，为了提高自己的知名度，而开展各种活动，如开业庆典、开业广告、免费或折价酬宾等公众参与性活动。

⑦ 维系性公关。通过各种传播媒体，持续不断地向社会公众传达组织机构的各种信息，长此以往，使组织的形象和有关信息深刻地留在公众的记忆中。

⑧ 防御性公关。当组织与外部环境发生摩擦冲突的时候，通过及时调整组织的结构、产品、方针政策或经营方式等以适应环境的变动，满足公众的要求。

⑨ 矫正性公关。如果组织的公共关系严重失调，组织形象遭受某些损害的时候，立即采取一系列有效措施，做好补救善后工作，配合组织的其他部门尽量修补被损害的形象，挽回组织机构声誉和形象的损失。

⑩ 进攻性公关。在组织与外部环境发生某种实际冲突时，以攻为守，抓住有利时机和有利条件迅速调整策略，以积极主动的态度和方式改造环境，创造新局面。

3. 公共关系广告

公共关系广告也称为信誉广告或形象广告，是企业或其他社会组织利用广告媒体宣传组织信誉和形象的一种形式。

公共关系广告的主要目标，是为了赢得社会公众对企业或其他社会组织的好感与信任，消除猜疑与误会，增强情感联络，争取合作和谅解。

公共关系广告的主要手段，是坦诚地披露组织的性质、特点、规范与状况。

公共关系广告的主题通常有以下五种。

（1）形象主题。目的是树立企业或社会组织富有社会责任感的自身形象。

（2）服务主题。树立企业或社会组织主动为公众服务的良好形象，给人以责任感和可信感。

（3）互惠主题。传播自身与周围、同行、公众互惠互利、共同提高的社会态度，消除对立情绪。

（4）展示主题。向公众展示自身的组织或企业文化，包括上层领导的风采、企业面貌、福利、人际关系、社团活动、光辉业绩等。

（5）活动主题。利用落成、庆典、获奖、表彰、陈列展览等特殊活动机会进行宣传，更有效地提高知名度，可信度和荣誉度。

公共关系广告与一般商品广告有联系，也有区别，其区别正好表现出公共关系广告的特性。

① 目的性不同。一般商品广告是以推销商品为目的的，而公关广告则是以建立起企业组织与社会公众之间的良好关系，树立组织形象为目的的。

② 切入点不同。一般的商品广告往往是以公众对产品的直接需求为切入点，而公关广告是以情感交流，联系为切入点的。

③ 侧重面不同。一般商品广告侧重于即时效果，促进销售，而公关广告侧重于长远和稳定的形象宣传。

公共关系广告类型主要有以下12种。

（1）理念广告。向社会公众宣传自己的经营理念、企业精神等。

（2）实力广告。宣传本组织的技术、设备等实力。

（3）信誉广告。宣传本组织获得社会荣誉的情况，信誉良好等。

（4）声势广告。利用重大事件来大造社会声势，借机推出或强化形象，如庆典、赞助活动等。

（5）祝贺广告。在节假日或有关组织成立之际表示祝贺以达到目的。

图239　剃须刀广告

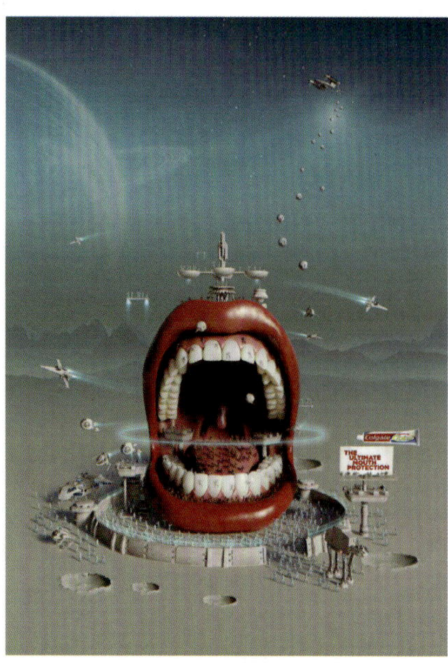

图240　Colgate Total牙膏平面广告

图241　Shapam平面广告

（6）谢意广告。巧用特定时机推出答谢社会公众的活动。

（7）歉意广告。在自身或公众出现损失时，主动向公众致歉，消除不良影响。

（8）解释广告。当组织被社会公众误解的时候，真诚地解释情况，阐明真相。

（9）响应广告。借助社会重大事件，出面响应，以展示企业的社会责任感。

（10）倡仪广告。以企业名义率先发起具有社会影响力的活动，以展示企业的正义感和敏锐感。

（11）公益广告。以公益性、慈善性为宗旨来体现企业的观念、爱心与人情味，赢得受众的好感。

（12）纪事性广告。也就是新闻性广告。把企业整体发展或某些具体事例，以专题或专栏形式进行报道，使之引起社会的关注和反响。

总之，广告与公共关系是密切联系又有区别的相关学科，作为我们未来的广告人，更应该掌握公共关系的理论常识，并把它用到各种广告实践中去。

第四节　时代语境下的广告文化

1. 广告文化的概念

广告文化即广告中所蕴含的独特的文化底蕴，它是广告中必然的构成要素之一。不同时代的广告体现出其自身的独特的文化特征。广告文化包含商品文化及营销文化。广告在追求商业目的的同时，还以文化价值和文化观念对人起着潜移默化的教化功能。成功的广告往往有其深厚的时代文化内涵，它是时代进步文化的一面镜子。

图242　AAPC平面创意广告

图243　港铁系列广告

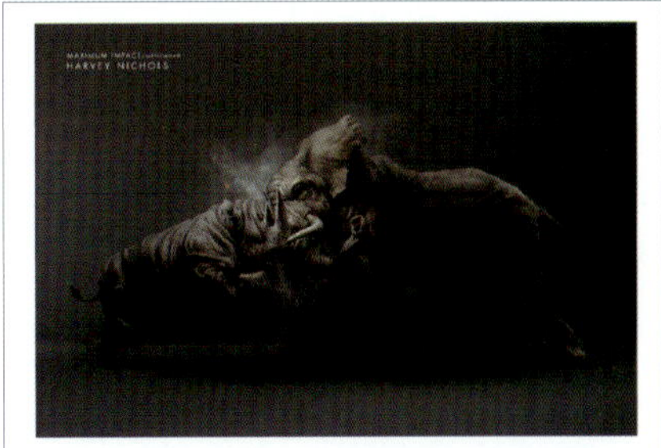
图244　夏菲尼高零售与分销广告

图245　Subtract家居平面广告

图246　Veka平面广告

图247　摩托罗拉手机系列广告

图248　阿司匹林医药系列广告

图249　Anjali Kitchenware厨具系列广告　文案：拜托不必要的

图250　Mentitas Ambrosoli清爽凉糖平面广告

广告活动不仅是一种的经济活动，还是一种文化交流，它像一支无形的手左右着人们的生活方式和消费习惯。商品本身就是一种文化载体，文化通过商品传播，商品通过文化而增值。在我国，通过商品传播文化，早在丝绸之路时代，丝绸之路带给西域的不仅仅是丝绸，它还以丝绸为载体，向西方世界传播了东方文化。商品文化的实质是商品设计、生产、包装、装潢及其发展过程中所显示出来的文化附加值，是时代精神、民族精神和科学精神的辩证统一，是商品使用功能与商品审美功能的辩证统一。它是广告文化的核心内容。传统文化、信仰和价值观在很大程度上左右着商业经营者以及消费者的心理、行为，从而影响各国广告活动。国际广告是跨国界、跨文化的商品营销的宣传形式，它面临的不单是语言的转换。如果只简单地把国内成功的广告翻译成进口国文字，直接搬出去，效果并不好。因为国际广告与国内广告相比要面临语言、传统习惯、教育、自然环境、经济状况等的差异问题。

2. 广告文化的特征

广告是推销产品的一种手段，谁也不会否认广告的商业目的。但广告在为商品进行宣传的同时，自觉或不自觉地输出某种精神意识，改变着人们的思想和价值观念，引导着人们的行为和生活方式，给予人们一定的精神需求。广告文化具有以下三个特征。

（1）民族性

广告信息体现着某种民族文化群或亚文化群的人文特征（宗教信仰、道德观念、行为准则、风俗习惯等），这就是广告文化的民族性。各种不同的民族群体，创造并恪守着不同的文化，产生出不同的行为规范。这是广告文化中很重要的一个特征。

（2）时代性

广告信息表现着它所处时代的社会特征和时代精神，这是广告的时代性，任何时代的社会面貌都会在广告中反映，构筑了广告文化的时代特征。

（3）商品性

广告信息体现着商品与服务的使用价值与价值，这种商品性是广告文化独有的个性和特征，与其他文化有所区别。在商品广告中，产品永远是第一位的，广告是第二位的。广告是一种商品文化，脱离了商品性，广告的文化意义也就无从谈起。

广告的商品性最终取决于目标受众的认同，也就是目标受众对商品或服务使用价值与价值的确认，这就要求广告信息能迅速为目标受众所认知、接受并产生实效，因此广告信息的有效传递就显得非常重要。要做到这一点，广告必须要通俗化、本土化、人性化。这也是构成广告商品文化的重要支柱。

3. 广告文化与企业文化

一个优秀的品牌，取决于它的企业文化。没有哪个品牌，纯粹靠策划，不带任何企业文化。策划只是提供了某种品牌文化，而品牌文化与企业文化还是有所区别的。企业文化是综合的，是对品牌文化的支撑。历史上出现过许多昙花一现的企业，最后还是无情地被市场淘汰。广告能吸引经销商们的关注，但要真正招商成功，这只是第一步。决定现代企业成功的是企业的综合竞争力，而品牌的竞争力不仅体现在品牌设计、策划塑造的品牌个性文化上，还需体现在支持品牌战略的企业文化上，包括质量、服务、人力资源等因素，这就需要企业运筹帷幄。

一个成功的品牌应该将特定的文化贯穿到整个企业，并需要全体企业员工的细心经营和积累，并细化到每件事情上面，所以，塑造成功的企业文化不是一件易事。企业文化一旦被赋予其内涵，它就会成为支撑整个企业的支柱。所以塑造企业文化要从长远出发，以坚定地态度持之以恒地将企业文化延续下去，从而推动整个企业的发展。

另外，企业导入CIS（Corporate Identity System）是广告文化与企业文化的交汇点，“CIS”的中文意思就是企业形象识别系统,包括理念识别（MI）、企业行为识别（BI）和企业视觉识别（VI）三部分，“CIS”策划导入目的在于通过各种信息传达手段，借助系统化的企业形象设计，使社会公众正确了

图251 加加酱油广告 作者：张逸婷

图252 加拿大特伦特大学广告

图253 宝路狗粮系列广告

图254 卡尔加里农贸市场广告

解企业的经营理念以及产品或服务的品质，并规范企业自身理念和行为以及视觉效果。我国从20世纪80年代自国外引进后，CIS在高校就是一门独立的专业设计课程。

思考题：

1. 现代广告活动、是由什么理论支柱来支撑的？
2. 广告在市场营销中的作用是什么？
3. 何为广告对象、目标市场？目标市场与广告对象的关系是什么？
4. 如何正确理解广告传播概念以及广告传播流程？
5. 如何正确理解广告中的公共关系？
6. 广告人必备的公共关系常识有哪几点？
7. 在与时俱进的背景下，如何理解广告文化？
8. 在广告文化的几大特征中，哪个特征更为重要？
9. 广告文化与企业文化有哪些关联性？
10. 什么是企业获得和保持竞争优势的有效手段？

图255　Clucky Cake糖果系列广告

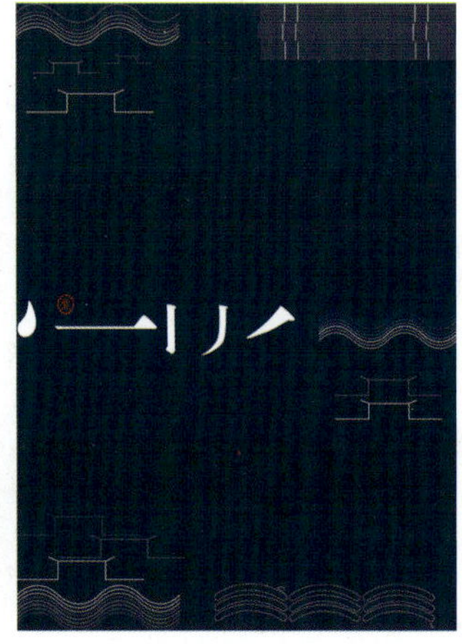

图256　徽州主题海报　作者：田栋

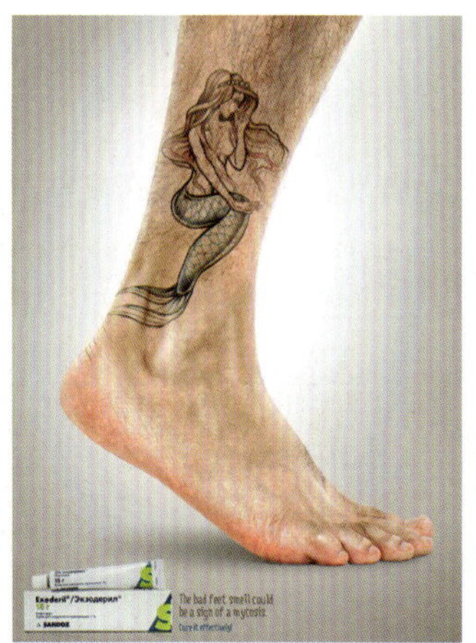

图257　Exoderil平面广告

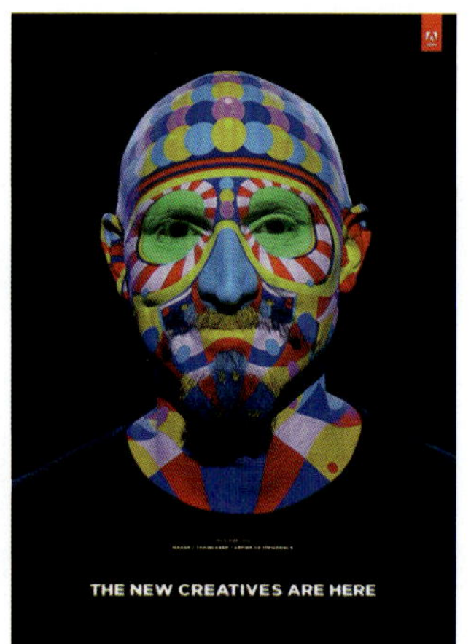

图258　Adobe软件系列广告

作业安排：

民族性语境下，广告文化与市场、传播、公关的维度思考。

单元要求：

理清广告与市场营销、传播、公关、文化相关的基本概念，提高利用广告知识与其他学科知识的协同创新能力，提升综合素质，理解掌握当代广告的基础理论知识，举一反三，活学活用，理论与实践结合，为下一阶段的广告实战打下一个坚实的基础。

59 心理研究所广告 北京奥美 2015戛纳铜奖

图260 保护环境公益广告

图261 Alka Seltzer平面广告

idea
BRAIN
STORMING

第四章

THE FOURTH CHAPTER

当代广告与策划

第一节 当代广告策划的概念、原则、特征

1. 广告策划的概念

策划是通过周密的市场调查和系统分析，利用已经掌握情报或资料，科学有效地制订营销广告战略，组织广告活动，并预先推知判断市场态势、消费群体的需求、营销状况的结果。

广告策划，是根据广告主的营销计划和广告目标，在市场调查的基础上，制订出一个与市场情况、产品状态、消费群体相适应的经济有效的广告计划方案，并加以评估、实施和检验，从而为广告主的整体经营提供良好服务的活动。现代广告策划就是对广告的整体战略和策略的运筹规划。具体是指对提出广告决策、广告计划以及实施广告决策、检验广告决策的全过程作预先的考虑与设想。

广告策划是商品经济的必然产物，是广告活动科学化、规范化的标志之一。美国最早实行广告策划制度，随后许多商品经济发达的国家都建立了以策划为主体、以创意为中心的广告计划管理体制。

广告策划可分为两种：一种是单独性的，即为一个或几个单一性的广告活动进行策划，也称单项广告活动策划；另一种是系统性的，即为企业在某一时期的总体广告活动策划，也称总体广告策划。

一个较完整的广告策划主要包括五方面的内容：市场调查的结果、广告的定位、创意制作、广告媒介安排和效果测定安排。通过广告策划工作，使广告准确、独特、及时、有效地传播，以刺激需要、诱导消费、促进销售、开拓市场。

广告策划的系统流程是：市场调研——消费者动机和行为调查——细分市场和确定目标市场——产品调研和产品定位——广告目标和广告策略。

2. 广告策划的原则

（1）客观性、真实性

企业形象广告所传播的信息必须客观、真实，即实事求是地传播企业的信息，不故弄玄虚，任意拔高。

图262 Clucky Cake糖果系列广告

图263 高露洁平面广告

图264 Adult娱乐广告

图265　松下平面广告

图266　Urbiet Orbi广告

图267　冲浪者基金会广告

图268　汽车公益广告

（2）目标明确

企业的目标决定企业形象广告的目标。如为吸引投资，其形象广告的内容应是宣传企业经营效益、管理水平、企业实力和信誉等。

（3）恒久性

广告是一项长期复杂的系统工程，不能搞突击式、集中式的宣传，不能刻意追求时效性、应有计划、分阶段地实施宣传。

3. 广告策划的特征

（1）明确的目的性

广告活动的广告目标、广告媒体、广告作品、广告宣传的时间、活动地点等必须明确。

（2）协同创新，严谨的科学性

综合运用经济学、美学、新闻学、心理学、市场调查、统计学、文学等学科的研究成果。

（3）完整性与系统性

广告策划从调研开始，根据目标市场的特点确定广告目标，在制定广告活动具体策略时，要以整体广告目标为出发点，各环节相互衔接。

第二节　广告策划的流程

1. 广告策划程序的模式

（1）广告策划是从广告环境分析开始的，通过分析、摆正产品和广告在市场上的位置，也就是给产品和广告以准确的定位。

（2）广告策划，须以广告主体（产品或劳务）分析为依据，只有对广告产品或劳务做深入了解和研究，把握好产品的个性，才能知道怎样进行宣传。

（3）广告策划要明确广告对象是谁，充分了解他们并针对他们进行策划。

（4）广告策划必须确定广告目标和目的，力求收到一定的经济效益或社会效益。

（5）广告策划必须想出某种广告策略，作为实现广告目标的手段。

（6）广告策划要通过奇特的创意使广告产品和广告目标以恰当的方式表达出来，并且适应特定的目标市场的要求。

图269　Haribo糖果平面广告

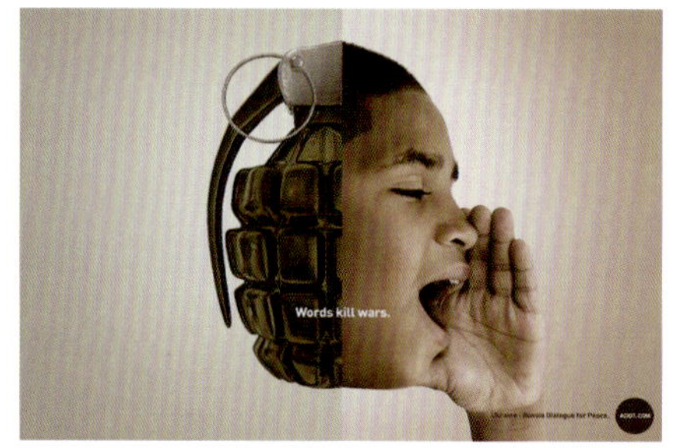

图270　公益广告　文案：对话消灭战争

图271　Anjali Kitchenware厨具系列广告

图272　Locomotiva Discos平面广告

（7）广告策划，并不是一次完成的或一次成熟的，需要不断地修订和补充。广告策划作为一种科学的活动，不是一种单向活动，而是一种双向活动，正是通过这种正反双向活动，来不断改进广告策划。

2. 广告策划程序的各个阶段

（1）广告环境分析

广告环境是指企业进行广告活动时所面临的外部因素和条件。

策划广告战略，应首先考虑广告环境，因为广告环境是不可控的，同时又对广告有着很大的制约作用和导向作用。这些环境包括：自然环境、国际环境、政治环境、产业环境、企业环境、市场环境、产品环境等。概括判断各种环境对广告活动的影响力后要解决四件事：了解市场、了解用户、了解对手、了解自身，并紧紧抓住各环境的有利因素来进行广告策划。

（2）广告主体分析

广告主体也就是广告所要宣传的内容，广告主体分析的主要任务是确定广告定位，产品定位是确定产品在市场上的位置，而广告定位则是对产品定位的体现，广告定位必须服从产品定位。广告定位与产品定位共同要完成三个任务：① 确定产品的主销对象。也就是卖给谁，广告就传递给谁。② 确定产品的个性内涵。包括：产品的档次，所用原料、成分、产地、用途、外观造型、色彩、包装、商标、图形以及产品知名度和新、旧产品等，个性内涵不同，广告定位也就不同。③ 确定产品的精神意义。也就是产品所能够给人们精神生活方面带来的利益。

（3）广告对象分析

广告对象分析是广告策划全过程中最为重要的一个环节。广告对象是广告信息传播的“终点”，也称之为信息的“受众”，如没有受众，何谈传播，受众不合适或不接受，广告就无效。因此要充分了解广告对象是谁，他们最关心什么，喜爱什么，有何习惯、爱好。要考虑是否适合对广告对象做本商品的广告，针对广告对象，本商品的广告应选择什么角度，确立何主题？也就是说，怎样把广告内容与广告对象在心理上、情感上进行沟通。广告对象不明确，导致诉求错误，广告的钱就白花了。也就像俗话说的“对牛弹琴”，或者比如向瘦子推荐减肥药品一样。

（4）广告目标分析

它在广告活动中具有战略意义和导向作用，主要解答四个重要问题：① 为什么做广告？② 做什么广告？③ 如何做？④ 达到什么效果？广告的目标不在于广告本身，而在于加强或改变人们的观念，引导人们的行为。广告的效果取决于目标消费者受广告影响的程度。

（5）广告创意分析

广告创意是围绕广告主题的深化、艺术化和表现化而展开的。广告主题是广告所要表达的中心思想，而广告创意是在广告策划全过程中确立和表现广告主题的创造性主意，必须要标新立异。分析的主要任务是检查广告创意所表现的主题内容是否准确，会不会误导消费者，新不新颖等。

（6）广告策略分析

这个阶段的主要任务是分析谋略计划、手段是否可行，研究如何将广告主题和广告创意付诸实施。选择什么广告媒体？以怎样的广告方式比较合适？利用什么时机？广告的规模多大？等等，以取

图273　Signal广告

图274　Bauducco食品系列广告

图275　Big Babol糖果系列广告

图276　DStv视频广告

得最佳的媒体传播组合，获得理想的广告效果。

（7）广告决策

抓住时机，果断与广告主一起做出决定并加以实施。在广告发布出以后还要通过不断检验广告效果，及时反馈检验结果和各方信息，来适时地修正广告决策、广告主体、广告目标、广告创意和广告策略。

第三节 广告创意策略构建

1. 广告策略的含义

广告策略是一种为了达到预期的广告目标，而采用的一项广告计划，它是广告的方针、对策、手法、谋略等的组合。广告策略必须是围绕广告目标，因时、因地、因人、因商品而异，进行选择，机动灵活地运用，没有一定的规律。市场策略与广告策略之间具有必然的联系，并且均应该符合消费者心理。

2. 广告策略的种类

广告策略通常分为商品竞争策略、商品市场生命周期策略、创意策略和广告发布策略等。每种策略不尽相同，具体策略以及操作方法变化多样。以下就创意策略作一简单介绍。

（1）生活广告策略（生活情报广告策略）

这种策略主要是针对成熟而理智的消费者所采用的广告策略。通过客观报道的手法，让受众立刻能获得有益于生活的信息，宣传全新的生活方式。（见图277、图278、图279、图280）

（2）企业推广广告策略（塑造企业形象广告策略）

通过广告推广塑造企业形象，或通过企业形象提升商品附加值，提高企业、商品的口碑，增加企业声誉度，扩大其市场份额，使客户对其品牌、商标等产生信任度及依赖感。这种策略主要是强调品牌，多为大规模企业的名牌产品。如松下电器、联邦快递、阿迪达斯产品等多采用此策略。（见图281、图282、图283、图284）

（3）象征性广告策略

企业、产品通过借用某种元素以及吉祥物来代表商品，更有益于扩

图277 Spring Valley饮料广告（生活情报广告）

图278 Sedex快递平面广告告（生活情报广告）

图279 Scotch胶带广告（生活情报广告）

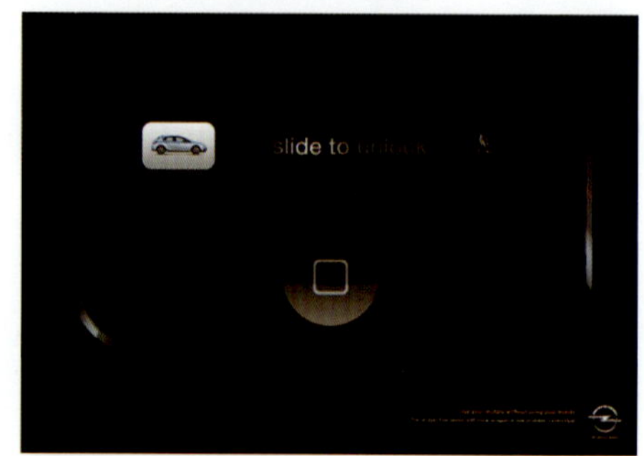

图280 欧宝汽车平面广告（生活情报广告）

图281 松下平面广告（塑造企业形象广告）

图282　阿迪达斯广告（塑造企业形象广告）

图283　航空公司广告（塑造企业形象广告）

图284　Cadence产品广告（塑造企业形象广告）

大市场，加强记忆。例如：德国西门子用严谨、踏实、一丝不苟的形象象征产品和德国精神；而我国多用仙鹤、松柏、盆景、紫砂壶、和田玉等物来象征产品。（见图285、图286、图287、图288）

（4）承诺广告策略（保证性广告策略）

这是企业为其商品赢得受众信赖而在广告中做出的承诺、保证性的广告策略，一般用明确直接的方法。例如：低脂肪、无漂白、富含多种矿物质维生素、无防腐剂等以及功效几个疗程可达到。

（5）诚信广告策略（证言广告策略）

由第三者出面向受众强调商品、企业的优点，以取得广大受众的认可，如选用名人、学者、消费者出来现身说法，推荐产品。（见图289、图290、图291）

（6）对比性广告策略（比较性广告策略）

使用前后或与同类产品进行直观对比，如比其他同类产品更经济、口感更佳、营养更好，学习语言（外语）更流利，服用前效果如何，服用后效果如何。（见图292、图293、图294）

（7）情感广告策略（人性广告策略）

提炼和概括人类心理上变化万千的情感，结合产品的自身特性、功能用途，以喜怒哀乐的感情在广告中表现出来，调动各种人性情感，如亲情、爱情、夫妻情感、他乡遇故知、同窗手足、战友深情等情感。（见图295、图296、图297、图298）

（8）悬疑广告策略（悬念广告策略）

即猜谜式广告策略，将产品递进地呈现出来，却不直接说明什么产品。让受众感到非常好奇而加以猜测，最终一语道破，水落石出，多用于新产品上市。例如：运用超现实的手法把真人装入自动售卖机等。这种策略往往使新产品给消费者留下很深的印象。（见图299、图300）

（9）客观性广告策略（正直广告策略）

这是一种表面不宣扬产品，实际强化产品形象，争取信任的广告策略，如喝酒有碍身体健康、积压商品处理、大抛卖等。（见图301、图302）

（10）互动性广告策略（参与性广告策略）

使受众一起来参与并互动的广告，如参与芭蕾舞团展演、举办公共服务活动等。（见图303、图304）

（11）渲染广告策略（夸张广告策略）

客观渲染商品的功效与作用。（见图305、图306、图307）

（12）置换性广告策略（比喻广告策略）

用另一事物比喻商品的功效、特征。（见图308、图309、图310）

以上12种是较有代表有性的广告创意策略，具体的策略不胜枚举，要举一反三，要根据商品、目标市场的具体情况进行策划创意。

第四节　广告策划书撰写的大纲与格式

在对广告策划运作过程的每一部分做出分析和评估，并制定出相应的实施计划后，最后要形成一个纲领式总结文件，作为广告活动正式行动文件，称为广告策划书。基本格式如下。

（1）前言（执行摘要）。包括广告主名称、品牌/产品介绍、项目等。

（2）市场纵深分析与调研。包括竞争对手、合作伙伴等具体状况。

（3）目标消费者研究。包括消费者分析与调研、市场细分、市场定位。

（4）产品属性与调性。也就是找出行销产品的困难点和优势、功利、支撑点、主要竞争对手的品牌和不足之处等，进行产品分析，并给产品准确定位：属于什么类

图285　MAX鞋子广告（象征广告）

图286　美术馆平面广告（象征广告）

图287　西门子冰箱广告（象征广告）

图288　标致汽车平面广告（象征广告）

图289　加拿大Espace Go平面广告（证言广告）

产品，产品在整个市场的什么位置。

（5）广告推广目标。包括达到何种效果、广告目的、广告定位、销售预期、广告到达率多少。

（6）广告（宏观、微观）策略。包括运筹帷幄的方式（创意金点子）。

（7）广告主题。包括核心理念、诉求点、品牌/产品广告语文案。

（8）广告创意。包括协同创新，创意九个维度的综合运用。

（9）广告表现。包括设计图像与图形、文案、语言等表现手法（附平面广告和电视广告脚本）。

（10）市场营销规划。包括市场如何运作，改善营销等。

（11）媒介策略。包括媒体发布广告的节点安排，广告运作方案、具体时间节点，质量以及选择媒体（附广告运作表）。

（12）广告预算规划。广告设计与投放所需多少经费，包括人力、场地、媒体等（附表）。

（13）广告综合效果评估、预测。包括用何种方法进行预测、广告发布后续效果如何、含金量是否高、是否达到预期，根据反馈及时调整。（此测定和评估在广告实施前通常不撰写）

图290 Hexa手表广告（证言广告）

图291 Hoffmann平面杂志广告（证言广告）

图292 BCP Deals App服务广告（比较性广告）

图293 达能巧克力广告（比较性广告）

图294 BERLITZ语言学校广告（比较性广告）

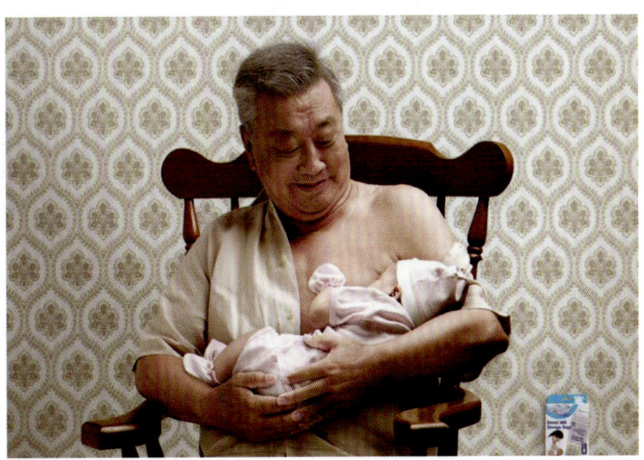

图295 Nanny奶粉系列广告（人性广告）

图296 标致汽车广告（人性广告）

图297 Road Lodge旅游广告（人性广告）

图298 欧乐B牙刷平面广告（人性广告）

图299 Maynards零食广告（悬念广告）

图300 Portfolio Night平面广告（悬念广告）

图301 Steinlager酒广告（正直广告）

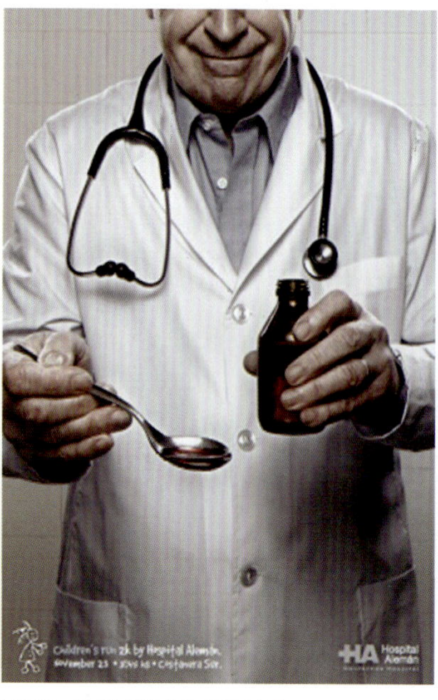

图302 WELOVEAD_平面广告（正直广告）

图303　Postepay专业与公共服务系列广告（参与性广告）

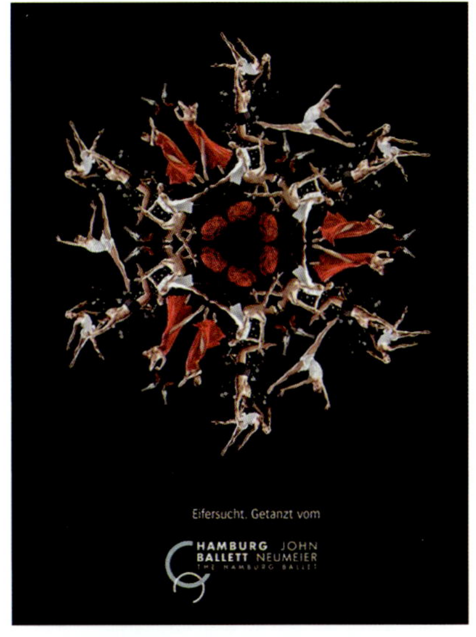

图304　芭蕾舞团海报设计（参与性广告）

图305　Protexin医药广告（夸张广告）

图306　Connect Furniture家居广告（夸张广告）

图307　Organ Donation广告（夸张广告）

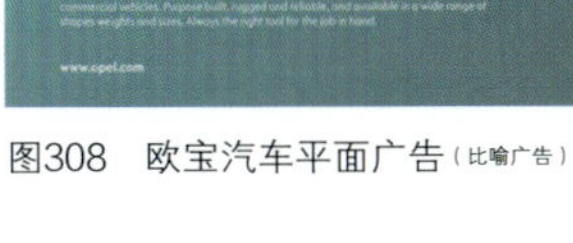

图308　欧宝汽车平面广告（比喻广告）

图309　Sulinka饮料广告（比喻广告）

图310　Yalook.com服装广告（比喻广告）

思考题：

1. 何为当代广告策划？

2. 是什么进一步确定了广告产品在市场的地位？

3. 什么是广告策划的核心和灵魂？什么是广告成败的关键？

4. 广告策划要解决的任务是什么？

5. 广告策划程序的模式有哪些？

6. 何为广告策略？根据什么来制订广告策略？

图311　剃须刀广告

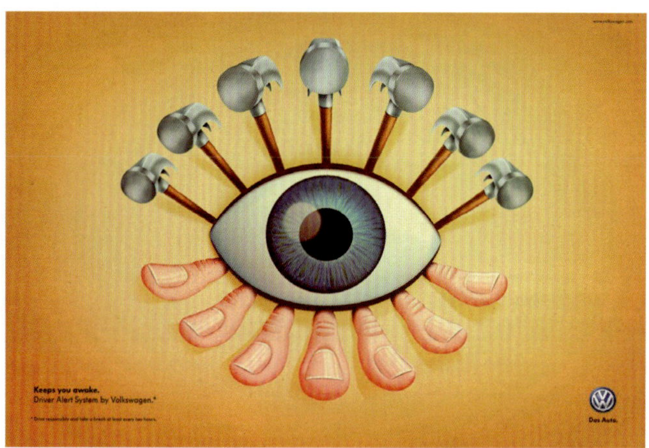

图312　大众汽车广告

图313　Michelin平面创意广告

作业安排：

1. 根据深入的市场调研，对自己所选择的品牌或商品进行广告策划，并撰写一篇广告行销策划书。例如：民族品牌百雀羚、张小泉等，也可自选。

2. 策划方案由自己上讲台陈述，并与师生、业界专家进行PPT互动答辩。

单元要求：

以实战为导向，掌握当代广告策划的基础理论与研究方法，培养学生全方位广告实际操作能力与广告策划细节处理能力。进一步提高学生语言表达能力与综合素质。要求作业必须有独到并可行的创意方案、策略，互动讨论、答辩后最终电脑输出。

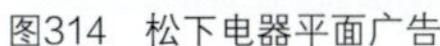
图314　松下电器平面广告

图315　可口可乐广告 2015戛纳金奖

第五章

THE FIFTH CHAPTER

当代广告与媒体

《诗·卫风·氓》中有“匪我愆期，子无良媒”，古语又讲天上无云不下雨，地上无媒不成婚。可见，古语“媒”主要是在男女婚嫁中起传情达意的中介作用。

媒体一词来源于拉丁语“Medium”，音译为媒介，意为两者之间。媒体是指传播信息的媒介，它是人借助用来传递信息与获取信息的工具、渠道、载体、中介物或技术手段。也可以把媒体看作实现信息从信息源传递到受信者的一切技术手段。其有两层含义，一是承载信息的物体，二是指储存、呈现、处理、传递信息的实体。

在日常生活中，我们从广播听到各种广告，从电视看到各种广告，从Internet、报纸、杂志等阅读到各种广告，诸如广播、电视等就扮演了广告媒体的角色，它们为公众传达一定的广告信息。广告媒体是用于向公众发布广告的传播载体，是指传播商品或劳务信息所运用的物质与技术手段。传统的四大广告媒体为电视、电台、报纸、杂志。在广告行业把电视媒体和电台媒体称为电波媒体，把报纸和杂志媒体称为平面媒体。

第一节 广告媒体的分类

按表现形式划分：广告媒体分为印刷媒体和电子媒体。印刷媒体是指通过在纸张上印制一些广告而进行广告宣传的媒体，我们平常所看到的报纸、杂志、说明书等都属这一类广告媒体；电子媒体是以电子手段，通过先进的电子信息技术来进行广告宣传的媒体，常见的电视、广播及Internet等属这一类。移动媒体时代已经到来，它对传统媒体带来的冲击日益彰显。

按功能划分：广告媒体可分为视觉媒体、听觉媒体及视听两用媒体。视觉媒体包括海报、传单、月历、报刊、杂志等，主要通过对人的视觉器官的刺激来进行信息传播；听觉媒体包括无线电广播、有线广播，录音及电话等，主要通过对人的听觉器官的刺激来达到信息传播的目的；视听两用媒体主要包括电影、电视、智慧城市等，它们主要通过对视觉、听觉器官进行刺激来达到宣传的目的。

在不断更新的现代广告活动中，任何一种媒体都是以定向传播为特征的，无论哪个媒体的传播面有多大，视听众有多广，但在各种相关的动态因素作用下，其有效到达率和视听众构成都是十分有限的。每一种媒体都有其个性特征和它的局限性，没有绝对的优劣势可分，只要运用得当，互补有方，组合得力，就可发挥其神奇的功效，下面介绍几个主要的具有代表性的广告大众传播媒体。

媒体的选择也称为媒体策划，也就是将广告信息传递到目标市场，应该选择什么媒体，在众多媒体中哪一种是消费者比较容易接受的，什么时机发布效果最好等一系列问题的谋划、选择和安排。

第二节　报刊广告

报刊是历史最长的大众传播媒体，始终排在所有广告媒体的前列。它不仅是载播各种新闻的工具，同时也载播各类广告的工具。用来刊登广告的物体叫广告媒体，所以说报纸也是报纸广告媒体，也是所有广告媒体中最常用和最重要的媒体。

报刊广告媒体的功能很多，报刊广告的基本功能是信息传播，另外还有社会经济功能及心理说服功能等。好的广告不仅使消费者在使用产品上受益，也能从中得到觉悟、文化、情操的升华。

1．报刊广告的特征

（1）全。覆盖面全，报刊发行量很大，宣传范围广 。如北京的北京日报、上海的文汇报可达近百万份的发行量，阅读人数至少是发行量的几倍以上，受众遍布社会各阶层。如果广告人希望有尽可能多的人了解广告信息，那么选择这类报纸刊登广告是再好不过了。

（2）速。迅速传递信息，无论是天南海北，它能保证每天出版并及时送到客户手中，这样就可以把最新的广告消息迅速传递给消费者。

（3）灵。报刊版面安排比较灵活，大则整版，小则夹缝几个字，版面自由，图片可大可小，图文并茂，容易给人留下深刻印象。可以充分地表现广告人和广告主的意图和要求。

（4）信。报刊广告在受众中有很高的诚信，所以人们对报刊宣传内容信赖程度高。

（5）节。报刊广告比电视广告省钱，阅读率高，并可重复阅读，不受时空限制，任何时间、地点、场合、条

图316　多页报纸广告

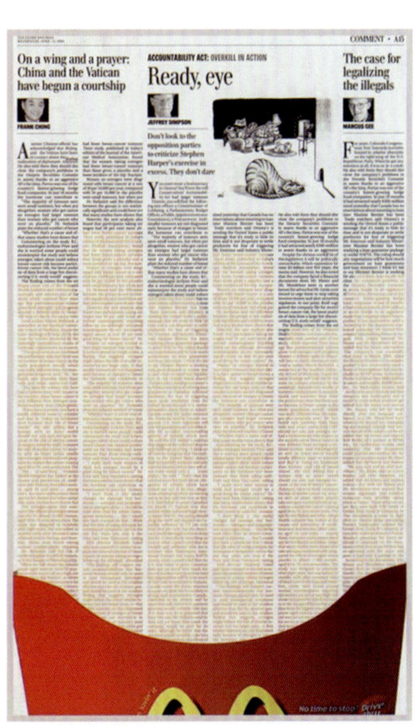

图317　麦当劳报纸广告

图318　报纸广告媒体

件、姿态均可仔细阅读，而且能保存，日后也可查找。

2．报刊广告的局限性

（1）较为集中的有效时间短，一般只有短暂几天，甚至只有1～2天。

（2）报纸广告通常印得不是很精美，由于受印刷水平和新闻纸质量的限制，而且黑白版较多，影响了产品广告的视觉效果。

（3）报纸广告鱼龙混杂，排版复杂，从而降低了注意度。

3. 报纸广告媒体的选择

（1）选择报纸广告媒体的一般原则。

① 产品原则。选择报纸媒体要考虑广告产品的性质和特征，是否适合采用报纸广告的形式，应该在哪类报纸上刊登。

② 受众原则。要考虑消费者、用户接触报纸媒体的习惯，信息到达量。

③ 目标市场原则。选择报纸媒体要根据目标市场的范围，把信息真正传达给需要该产品的人群。

④ 时效原则。选择报纸媒体要考虑它的时效性，掌握好有利的时机。

（2）刊登广告的版面和位置。广告版面大小和位置不同对广告信息能否到达和到达多少人数具有重要影响。有时并非广告版面越大越好，头版头条位置也不一定是目标消费者所关注的，要根据以上各原则进行选择安排。

（3）广告刊登的次数和顺序分布安排也直接关系到广告效果。一种新的产品要使消费者记住品牌和名称，据心理学分析，无论是主动注意还是被动注意，至少要让消费者注意三次以上。还有顺序分布，是先多后少轰动效应，还是先少后多渐次加强。每个广告之间的间隔时间是多少等都大有讲究，都要根据具体情况和上述原则进行科学有效的安排。

（4）选择报纸广告的广告内容安排。由于前面所提到的阅读报纸不受时空制约，站着可以看，坐着、走着、躺着，甚至吃饭、坐车、开会等都可以看，而且可以仔细、反复看这一特点，所以在安排报纸广告内容时，可以尽量把产品介绍得详细一些。报纸是施展系列广告、悬念广告、生活情报广告、参与性广告等的最佳媒体。（见图316、图317、图318）

第三节　杂志广告

1．杂志广告的特点

杂志是视觉广告媒体中较为重要的媒体之一，有着其他媒体的不可替代性。

（1）阅读周期长，传阅频率多，更具有保存价值。受众不可能一次看完杂志，由于内容较多，要看完就必须多次接触该杂志。因此读者不得不多次阅读杂志上的广告，特别在封面、封底、封二、封三的广告。而且纸张相对讲究，便于保存，杂志上的广告也由此享有较长的生命力和查阅期，从而深化了广告传播效果。

（2）传输率高，针对性强，目标清晰。大部分杂志则有一批定向的受众群，这类受众都具有一定的文化基础、理解能力和专业知识。因此杂志广告可以有的放矢，针对性较强，对特定消费阶层而言，广告的有效传输率也较高。

（3）印刷精良，冲击力强，给人身临其境的感觉。杂志广告一般是用高级铜版纸张彩色印刷而成的，所以很突出、醒目、雅致，不像报纸广告内容繁多，杂居版面，所以杂志广告阅读干扰小，容易吸人眼球。

2. 杂志广告的局限性

（1）受众范围较窄，影响面有限。受众群不够广阔，大多数杂志发行量远远低于报刊，影响面不如其他大众传播媒体。

（2）时效性缺失，周期慢。由于杂志的出版周期比较长，周刊、月刊、季刊、最短的一周，最长的一年，受固定出版周期限制，因此是四个大众传播媒体中传播速度最慢，传播频率最低，时效性最差的媒体。

（3）内容受限，不能与时俱进。由于杂志内容受到限制，内容特定，有自己的范围。因此，就不如电视、广播、报刊那样机动灵活、与时俱进、随时更新、自由多变。

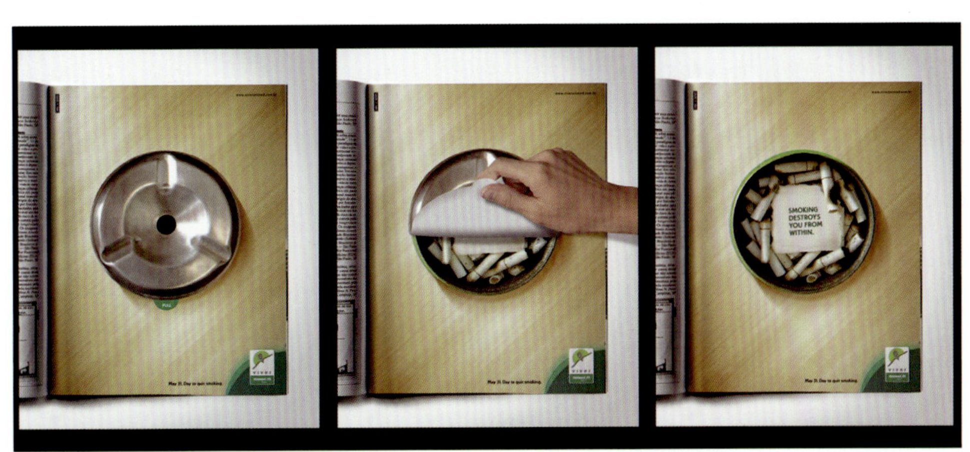

图319 禁止吸烟杂志广告

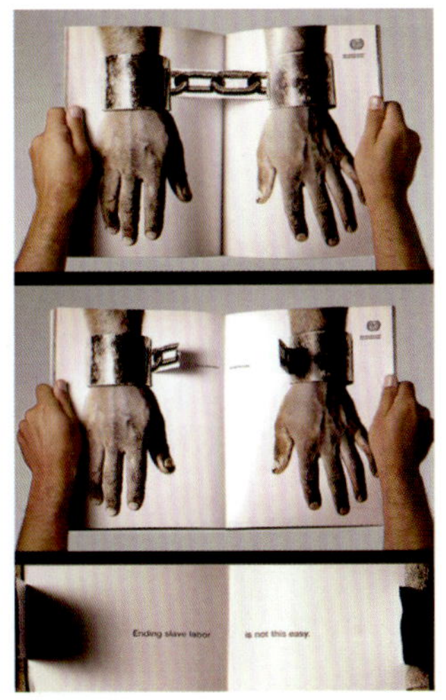

图320 杂志广告

第四节 广播广告

1．广播广告的特点

利用声音传播广告，覆盖面广，互动性强，速度快，目标受众针对性、时效性强，移动性和伴随性强，广告费用性价比高。随着私家车的普及，广播媒体更有不可替代性。

2．广播广告的局限性

广播的声音一般难于记忆，稍纵即逝，不能像报刊、杂志、DM一样可以长期保存、定期回顾与查阅。另外，广播没有视觉冲击力和视觉形象感，受众无法识别产品的外观形象，难以记忆。

听众较为分散，没有像选择报刊、杂志内容那样选择节目的主动权。因此在广告战略中广播广告一般担任辅助角色，起烘托气氛或长期提醒作用。

第五节 电视广告

1．电视广告的主要特征与种类

电视广告是一种以电视为媒体的广告，是电子广告的一种形式。它是兼有视听效果并运用了语言、声音、文字、形象、动作、表演等综合手段进行传播的信息传播方式。随着网络、数字技术的发展，电视广告有一个更好的未来。

印刷媒体（杂志、报刊）的广告是将信息存放在纸面的二维空间之内的。电视广告的主要特征则是将所要传达的信息存放在时间的流程之中。也可以说，广播、电视的容量靠时间，印刷媒体容量靠的是空间。电视广告通过电视台的电波信号及时而迅速地将各种信息传播给受众，并且受众可以在同一时间内知晓，这是任何印刷媒体都达不到的。

根据播放形式，电视广告可以分为专题节目的广告和插播广告两大类，也有人称之为软性广告和硬性广告。

软性广告是将产品的一些信息融入到一些媒介中，从而达到广告的效果。它是现在一种广告的流行趋势，也是一种消费者很乐意接受的广告形式，比传统硬性广告更容易使消费者接受。

硬性广告是相对软性广告而言的，即强行生硬不断重复地插播在电视、网络等媒体之中。一种让消费者不太乐意接受的广告形式，比软性广告更难于使消费者接受。硬性广告目的直接明确，直达商业主题。随着社会的进步，人民生活水平提高，硬性广告发展会更多元化。

2．电视广告媒体的优点和缺点

（1）电视媒体的优势。首先，具有创造力和冲击力。它的最大优点是它提供了信息机会。图像和声音融合在一起，使产品和服务得以生动地再现。它能为一个品牌传达一种基调或形象，而且形成充满情趣的吸引力，使无活力产品变得有趣。其次，覆盖面辐射度很广。电视广告能够拥有大量的观众。无论其年龄、性别、收入或受教育程度如何，都收看一些电视节目，多数人定时收看电视。因为电视广告能够以低成本的方式覆盖大量的观众，所以深受那些销售大众消费品的公司欢迎。再次，具有选择性和灵活性。由于节目内容、播放时间和覆盖地域不同，观众群构成也各异，电视也就具有了一些选择性。随着数字电视的发展，广告通过创意面向对体育、新闻、历史、艺术或音乐等有不同兴趣的群体，进一步筛选其覆盖面，广告主页可以通过进度安排来反复播出一个广告或抓住某些特殊机会播出广告。

图321　美津浓运动品牌广告

图322　Northwest Cherries食品广告

（2）电视媒体的缺点。首先是总成本高。尽管电视有效地覆盖了大量观众，但它属于昂贵的广告媒体。其高额的总成本不仅来自于购买播放时间的费用，而且包括制作高质量广告的费用。其次是缺乏可选择性。节目的多样性和电视的出现使电视有了一些选择性。但电视的覆盖面远远超出了它们的市场，降低了其成本效益。再次是电视广告的瞬间性。电视广告持续时间短，无法留给实质性的东西来观看和考虑。还有就是干扰性。由于广告信息转瞬即逝，广告时间很短，有不被注意的问题。

3. 电视广告媒体的有效利用

电视广告媒体是诸多媒体中唯一能够进行动态演示、视听结合的媒体。如何有效利用它非常重要。第一，我们在电视广告中要充分发挥动态演示的作用，尽量避免静止画面。要着重情感的诉求，力求最迅速、最大限度地打动受众的情感，使之产生强烈而深刻的印象。第二，要适时对准目标对象，也就是慎重地选择目标对象，把握他们的习惯特点，什么时间会坐在电视机前等。选准适合他们的节目和时段来播放广告才会使广告信息有效到达。第三，信息要简洁、单一，不能太复杂。第四，要通过重制作、巧播放来节约资金。最后，要充分发挥电视广告在全媒体的广告运作中的龙头作用。在广告策划中很多产品都需要采用多种媒体组合，才能达到预定的广告目的。往往是以电视广告为龙头，影响和带动其他媒体。策划创作人员有时需要集中力量，首先搞好电视广告的创意，然后根据不同的媒体特点将电视广告的中心画面、语言等“移植”在其他各种媒体上，以达到视觉一体化的诉求。另外，广告活动中也常采用以电视广告为先导的媒介策略，在使受众有点印象之后再适时推出报纸和其他形式的广告与电视广告相呼应、补充和配合，从而加深受众的印象。也有时采用以电视广告为主要媒体，“狂轰乱炸”同时全媒体配合掀起轰动效应的运作方法。总之电视广告的形式多种多样，要根据产品的特点、目标市场、广告策略以及资金实力来决定运作方法，有效地利用电视广告媒体。（见图321、图322、图323）

图323　阿迪达斯广告篇

第六节　户外广告

户外广告英文为Out Door，简称为OD广告，指的是基于广告或宣传目的，而设置的户外醒目的广告物，经常出现在交通流量较高的地区。

1. 户外广告的种类

（1）招贴广告。也叫海报、宣传画，是一种在室外或公共场所张贴的广告，通常是印刷或绘制的。招贴广告作为一种传统的广告形式，具有很强的生命力和非凡的传播效果。随着20世纪80年代以后电子制版的出现，人们创造了比以往任何时候都更引人注目的表现形式。招贴广告所具有的许多优点是其他任何媒体所没有的。直到今天，世界上几乎所有的视觉设计院校，都把招贴设计作为视觉广告设计的最主要课程。这是由于招贴具备了视觉广告设计

图324 油漆桶广告（油漆绘制的广告）

图325 Teleclub出版社户外广告（油漆绘制的广告）

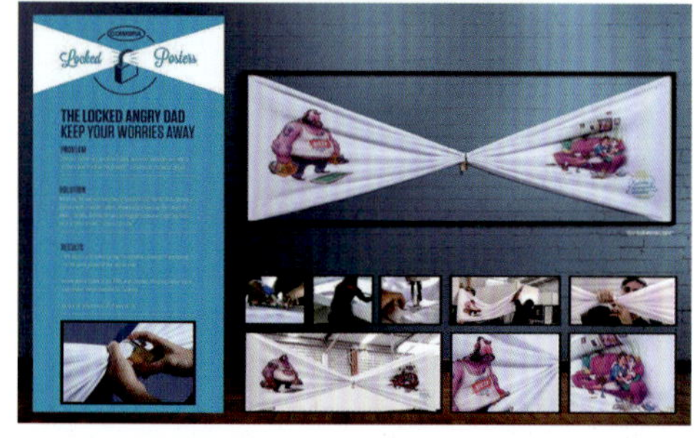

图326 Coimbra日用品广告（油漆绘制的广告）

图327 咖啡厅户外广告（户外灯光广告）

的绝大多数基本要素，它的设计表现技法比其他媒体更广泛、更全面、更适合作为基础训练的内容。

（2）油漆绘制的广告。也称为看板广告、路牌广告和民墙广告。这种广告既可绘制在墙壁上，也可绘制在广告牌上，既有电脑喷绘的，也可以手绘。它在形式上与招贴接近，尺寸要比招贴大很多。其主要作用是加深印象、长期提醒、引人注目、树立品牌等。其费用是越热闹的地方越贵，自然效果也是越热闹的地方越好。（见图324、图325、图326）

（3）户外灯光广告。有灯箱广告、霓虹灯广告、激光广告等，它是户外广告中最富丽堂皇的品种，其广告信息是通过灯光的效果来传播的。由于户外灯光广告光彩夺目，绚丽多彩，而且有的还有动感，往往给人留下很深的印象。并且它还有美化城市的作用，甚至成为城市的景点，当然价格也是户外广告中较为昂贵的。（见图327、图328、图329、图330）

（4）车船广告。就是在汽车、电车、轮船、高铁等交通工具上悬挂和呈现的广告。车船广告是户外广告中使用较多的一种媒体，其传递信息的作用不容忽视。广告主可以借助这类广告向公众反复传递信息，因此它是一种高频率的流动广告媒介。特别是公共交通车辆往返于市中心的主要街道，在车辆两侧或车头车尾上做广告，覆盖面广，广告效应较为突出。这类户外广告大多还是采用传统的油漆绘画形式，或者结合计算机打印裱贴的方法。

（5）电子屏幕广告。即电视墙、大型LED显示屏广告，一种通过控制半导体发光二极管的显示方式，用来显示视频、文字等各种信息的屏幕广告。LED清晰度可与数字电视媲美，广泛应用于车站、机场、商场、医院、证券市场、建筑市场、拍卖行等公共场所。LED因其亮度高、电压低、功耗小、寿命长、耐冲击和性能稳定而发展迅速。目前正朝着更高耐气候性、更高的发光密度和全色化方向发展。

2. 户外广告的优缺点

（1）户外广告的优点是面积大，广告醒目，注意度高，广告时效较长，反复提醒，造成广告的累积效应。

（2）户外广告的缺点：易于损坏、信息量有限、位置有限、租金昂贵。

在选择户外广告媒体时要根据产品和市场的需要，广告的目的要求进行有效的选择和利用。

图328　MEXICO户外广告（户外灯光广告）

图331　Flexilb户外汽车广告（车船广告）

图329　刀具户外广告（户外灯光广告）

图332　意大利通心粉广告（车船广告）

图330　户外灯光创意广告（户外灯光广告）

第七节　售点广告

售点广告即POP广告，意为销售点广告或购物场所广告。POP广告围绕销售点现场内外的各种设施做媒体，有明确诱导动机，旨在吸引消费者，唤起受众购买欲。

1. 售点广告的种类

售点广告主要有以下几个种类

（1）店面及内饰形象广告。也就是通过店面的外装修和内装饰来体现企业自身形象，并向社会和消费者传播理念和信息。例如，麦当劳的店面广告、富士冲印店和柯达冲印店内外环境的广告等。（见图333、图334、图335、图336）

（2）橱窗广告。它是售点广告的主要形式，一般在门面的两侧，是所有广告中最形象化，最直接的立体广告。（见图337、图338、图339）

（3）展、柜台广告。大中型商场和超市均设有展台和柜台直接展示商店内的重点商品。（见图340）

（4）印刷品广告。在商场内放置的广告传单、牌子、旗帜、册子、海报等。有的消费者可以自己拿，也可由服务员分发，有些还起到装饰作用。（见图341、图342、图343）

（5）展销广告牌。临时手绘、手写的传达的商品信息的广告牌或展板。（见图344）

（6）包装广告。商品的外包装形象，如包装纸、购物袋等。（见图345、图346、图347、图348、图349、图350、图351）

现代售点广告还有很多形式，如模特模型广告、活人广告等，并且还在不断发展，在此就不多列举了。总之，售点广告是直接与消费者见面的最佳阵地，在广告策划设计中不容忽视，并且要好好利用，从而设计出更有创意的形式来宣传商品。

2. 焦点广告的优缺点

（1）焦点广告的优点

① 利于营造销售现场气氛，使消费者不费力就可以了解最主要的销售信息。

② 当卖场中同时有多家企业的产品时，好的焦点广告能使本企业的产品突出。

③ 制作精良的焦点广告容易引起消费者注意，并引起消费者对企业产品和好感。

（2）焦点广告的缺点

① 对设计要求高。如设计有误，反而有负面影响。

② 商场内，过量的焦点广告，会削弱企业广告效果。

图333　制衣公司广告（店面及内饰形象广告）

图334　凯迪拉克汽车广告（店面及内饰形象广告）

图335　披萨店广告（店面及内饰形象广告）

图336　耐克广告（店面及内饰形象广告）

图337　CUCCI广告（橱窗广告）

图338　商城衣服广告（橱窗广告）

图339　商城广告（橱窗广告）

图340　柜台广告（柜台广告）

图341　印刷品广告（印刷品广告）

图342　印刷品广告宣传册（印刷品广告）

图343　印刷品广告宣传册（印刷品广告）

图344　安琪儿医院广告（展销广告）作者：程超

图345　食品包装广告（包装广告）

图346　咖啡店广告（包装广告）

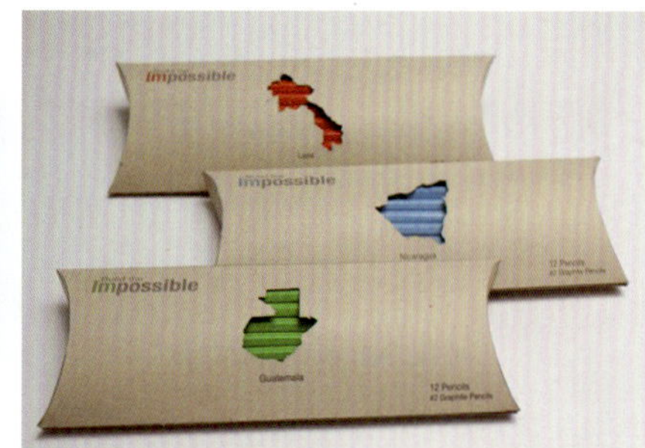

图347　文具用品包装广告（包装广告）

图348　佳能照相机广告（包装广告）

图349　洗衣机广告（包装广告）

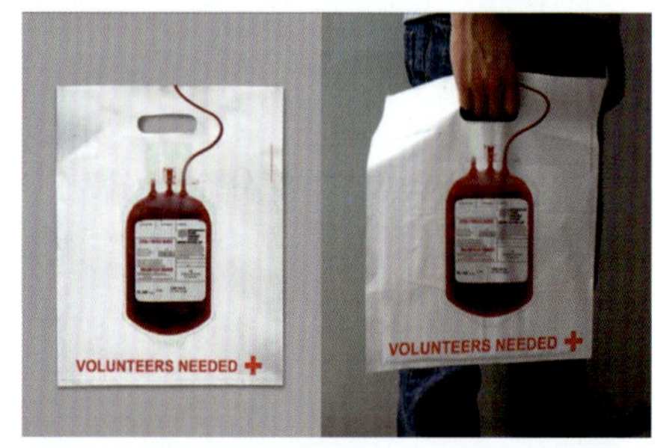

图350　义务献血广告（包装广告）

图351　健身房广告（包装广告）

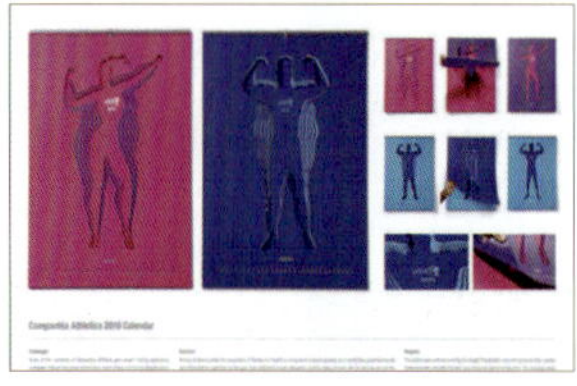

图353　减肥健身广告（直邮广告）

图355　献血站广告（直邮广告）

图352　公益广告广告（直邮广告）

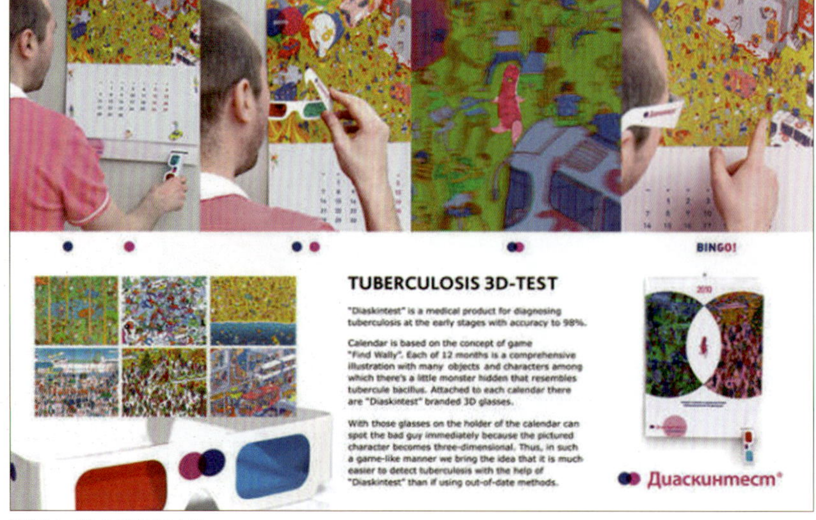

图354　防止肺结核广告（直邮广告）

第八节 直邮广告

DM广告即直邮广告，指的是向目标客户通过邮寄、直投等方式发布的广告。它对广告主所选定的对象，有着非常强的针对性，同时成本低廉，还有一定的灵活性。DM广告除了用邮寄以外，还可以借助其他媒介传播，如传真、杂志、电视、电话、电子邮件及直销网络、柜台散发、专人送达、来函索取、随商品包装发出等。DM广告与其他媒介的最大区别在于：DM广告可以直接将广告信息传送给真正的受众，而其他广告媒体形式只能将广告信息笼统地传递给所有的受众，而不管受众是否是广告信息的真正的受众群。DM广告的种类主要包括：传单型、册子型、卡片型等。

DM广告已经被大部分企业作为商务活动的首选措施，其低廉的成本及极强的针对性、亲切感和真实性，非常受到企业的经营者们的青睐。（见图352～图355）

第九节 网络广告

网络广告指运用专业的广告横幅、文本链接、多媒体的方法，在互联网刊登或发布广告，通过网络传递给互联网用户的一种高科技广告运作方式。网络广告是广告主为了推销自己的产品或服务在互联网上向目标群体进行有偿的信息传达，从而引起群体和广告主之间信息交流的活动。简而言之，网络广告是指利用国际互联网这种载体，通过图文或多媒体方式发布的营利性商业广告，是在网络上发布的有偿信息传播。网络广告是当前主要的网络营销方法之一，在网络营销方法体系中具有举足轻重的地位。事实上多种网络营销方法也都可以理解为网络广告的具体表现形式，并不仅仅限于放置在网页上的各种规

图356 Craftsman工具广告

图357 健身房广告

图358 招聘公司广告

格的Banner广告，如电子邮件广告、搜索引擎关键词广告、搜索固定排名等都可以理解为网络广告的表现形式。无论以什么形式出现，网络广告所具有的本质特征是相同的：网络广告的本质是向互联网用户传递营销信息的一种手段，是对用户注意力资源的合理利用。（见图359、图360、图361、图362）

与传统的四大传播媒体（报纸、杂志、电视、广播）广告及备受垂青的户外广告相比，网络广告具有得天独厚的优势，是实施现代营销媒体战略的重要一部分。Internet是一个新的广告媒体，速度最快，效果很理想，是中小企业发展壮大的很好途径，对于广泛开展国际业务的公司更是如此。

网络广告的市场正在以惊人的速度增长，网络广告发挥的效用越来越显得重视。以致广告界甚至认为互联网络已超越路牌，成为传统四大媒体（电视、广播、报纸、杂志）之后的第五大媒体。因而众多国际级的广告公司都成立了专门的网络媒体分部，以开拓网络广告的巨大市场。

网络的组成是复杂的，但业务的要求是简单的。从市场、业务角度考虑，哪种网络处理更好就应该采用哪种网络，甚至综合采用各种网络技术，不必拘泥于原有的概念。随着三网合一的进程，特别是信息家电概念的普及，人们意识到网络已经泛指传输、存储和处理各种信息的设备及其技术的集成。因此，网络广告应是基于计算机、通信等多种网络技术和多媒体技术的广告形式，其具体操作方式包括：注册独立域名，建立公司主页；在热门站点上做横幅广告及链接，并登录各大搜索引擎；在知名电子公告板上发布广告信息，或开设专门论坛；通过电子邮件给目标消费者发送信息等。

图359　儿童教育的公益广告（网络广告）

图360　健身机构的广告（网络广告）

图361　网络公司的宽带提速广告（网络广告）

图362　阿迪达斯鞋的广告（网络广告）

网络广告的优势是：

（1）覆盖面广，观众基数大，传播范围广阔。

（2）不受时间限制，广告效果持久。

（3）方式灵活，互动性强。

（4）可以分类检索，广告针对性强。

（5）制作简捷，广告费用相对低。

（6）可以准确地统计受众数量。

网络广告的缺点是：

（1）内容由受众自控，使广告传播面相对减小。

（2）网络广告在偏远乡镇互联网普及程度不够。

（3）网站信息层出不穷、设计水准参差不齐。

（4）虚假广告有蔓延的趋势，信息真假难辨。

第十节 移动终端广告

移动终端或者称移动通信终端，是指可以在移动中使用的计算机设备，广义地讲包括手机、平板电脑、车载电脑、POS机等，一般主要是指智能手机或平板电脑。随着网络朝着越来越宽带化的方向发展，移动通信产业将走向移动信息时代。这也给移动终端增加了更加宽广的发展空间。传播方式的变化也带来了营销方式的变化，这种变化颠覆了广告的传播方式。移动终端已经成为广告的主要投入载体之一。伴随着信息的碎片化，广告传播形式也在不断演进，让用户在娱乐、休闲或获取信息的过程中接受广告，已经成为移动广告平台的普遍做法。

1. 手机广告

手机广告是一种以手机为载体的媒体广告。手机是继报纸、广播、电视、网络四大媒体之后出现的，有人称之为“第五媒体”。手机作为新时代高科技的产物，是在电信网与计算机网融合的基础上发展起来的，与不同的传统媒体结合形成不同的手机媒体类型，它拥有其他媒体无法比拟的优势，例如覆盖人群最广，传播成本比较低廉，可以最方便地把人们的零碎时间利用起来，并且能够极为快捷地传播信息，与报纸、广播、电视、网络四大媒体相比，手机媒体在传播方面有很多优势。

（1）受众资源极其丰富。从媒体理论上来看，衡量一个媒体是否具有竞争力的一个重要因素就是现实和潜在受众，而对手机媒体化来说，最不用担心的就是用户资源。到目前为止，全球已有超过21亿的手机用户，在中国未来有12亿左右手机用户，手机微信用户突破10亿大关只是时间问题。拥有手机的人数是所有报纸读者

图363 横幅广告（阿迪达斯）

图364 赞助式广告

的两倍多。手机已经不再仅仅是一个简单的通信工具，它的快速发展改变着人们的日常生活方式，已经成为传播、整合信息的设备，甚至是个人数字娱乐中心。随着4G/5G时代的到来，各种多媒体形式也将充分体现在手机上，在未来几年，手机媒体将成为人们在日常生活中获得信息不可或缺的重要手段。

（2）互动性优势。手机媒体在“交互性”方面也有着传统媒体无法比较的优势。我们知道，传统大众传媒的重要特点之一就是传播的单向性很强。手机广告的投放，在所有广告形式里，是最有互动性的。手机广告的发布效果，可以通过互动的量化跟踪和统计进行评估，具有可测量统计数据的特征，以及跟踪反馈数据的特性。

总之，手机是比国内发行量最大的报纸、杂志，客流量最大的车站、地铁等场所的户外媒体更具人缘的媒体，更有可能成为与央视的收视率、门户网站的流量相媲美的超普及媒体。手机型号不同，受众兴趣点截然不同。手机作为广告媒体之一，可以根据不同受众的不同兴趣点、不同时间、不同地区，有目的性地、精准地投放广告，所以个性化十足的手机媒体是定向沟通最有效的平台。

2．手机广告的形式

随着移动增值业务种类的日益增多和移动增值业务平台的日益完善，手机广告的表现形式也越来越丰富。

（1）WAP文字图片广告。基于文字表述的广告形式，也是最常用的表现形式。载体可以是无线互联网上的文本信息，也可以是手机短消息、WAP-Push链接等。图片广告是传统互联网和移动互联网采用最多的表现形式。

（2）流媒体广告。流媒体广告是手机广告业未来的一个重要方向。在流媒体内容中插播广告，目前主要集中在片头和片尾。

（3）Flash广告。Flash是近年来非常流行的一种动画表现形式，其特点是占用带宽较小，交互性强，能显示复杂的动画设计甚至视频内容。

（4）移动电视广告。与传统电视广告业务类似，随着4G/5G业务的商用，手机电视业务将成为手机广告的重要载体。

（5）语音广告。传统运营商的优势在于掌握了大量语音链路资源，可以在用户的语音通话过程中动态插入语音广告片段，而彩铃和IVR广告就是这一新广告形式的载体。

（6）游戏内置广告。在游戏中置入广告的模式，使得游戏成为一个颇受广告主关注的新媒体平台。

图365　肯德基广告（手机广告）

图366　蒙牛欧洲杯广告（手机广告）

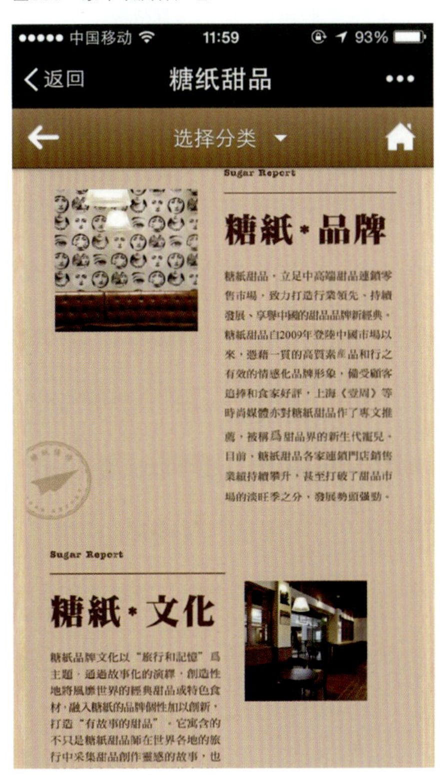

图367　糖纸甜品广告（手机广告）

在游戏中内置广告，不仅能够为游戏开发商、运营商带来可观的利润，还将为玩家带来全新的体验。

（7）二维码广告。利用二维码承载的广告信息，既可以在手机上识别，也可以由手机携带，通过专用设备识别。目前，流行的应用是电子回执，如电子电影票、电子机票回执等。

（8）RFID广告。利用RFID无线识别能力，将RFID芯片与终端集成，在终端被RFID识别后，由广告系统发送给目标用户。

（9）LBS广告。利用移动通信的定位功能，在用户进入特定的地理区域后系统触发与地理和终端用户对象匹配的广告内容，并发送给目标用户。

（10）消息类广告。利用短信息和彩信消息类业务，在短信和彩信中夹带广告信息，以主动发送、被动触发或者夹带等形式将广告信息投放给目标用户。

3. 手机二维码广告

二维码，又称二维条码。它是用特定的几何图形按一定规律在平面（二维方向上）分布的黑白相间的矩形方阵记录数据符号信息的新一代条码技术，由一个二维码矩阵图形和一个二维码号以及下方的说明文字组成，具有信息量大，纠错能力强，识读速度快，全方位识读等特点。早在1970年，美国公司就开发出了二维码技术，并在制造业中投入使用。手机二维码是二维码技术在手机上的应用，将手机需要访问使用的信息编码到二维码中，利用手机的摄像头识读。

（1）手机二维码广告的发展。

手机二维码广告之所以成为信息载体功能的媒介和终端，是因为它是一种超越平面媒体的新媒体形式，通过扫描印刷在广告牌、报纸、杂志、广告纸巾上的二维码，实现与网络媒体的链接，突破了以往平面的界限，在手机上实现多媒体融合，充分发挥这两种媒体的优势，增加受众的数量，提升广告效率。从中国第一张电子电影票开始，到新闻联播播出的南航二维码电子机票的成功应用，再到全国60多家国际机场全面采用的移动

图368　轩尼诗盛典广告（手机广告）

图369　1号店广告（微信广告）

VIP登记服务，以及各类电子化票据、电子优惠券、提货券、电子VIP、电影票、演出票、火车票、飞机票凭证等的出现，手机二维码广告得到快速发展。软件技术的提高和二维码技术的迅猛发展，出现了不少关于二维码的手机软件，包括“我查查”“条码扫描器”“支付宝钱包”“阿里巴巴”“二维码生成工具”“大麦票务”等。

（2）手机二维码广告的主要类型。

① 手机二维码微信广告。（见图369）

现在，很多传统票务系统升级为电子票务系统。这种系统为合作者提供了从网络电商平台搭建、软硬件集成开发、开放接口到维护等全系统的方案。电子票务系统将电商平台的信息编制为二维条码通过软件发送到用户手机中进行广告宣传，用户通过扫描二维码进入电商平台，系统直接接入各种网银平台，用户在线支付完成后，手机收到电子凭证或电子条码，用户即可到此电商平台的对应实体商家消费。比如麦当劳、肯德基和星巴克等线上商店，用户通过手机扫描便可随时随地、方便快捷地订餐。

② 手机二维码电子VIP。

现在国家对二维码的监管力度不断提升，涉及个人信息的二维码都需要经过复杂的解码才可以解析出信息，既做到了防伪，又可以使信息发布。例如，超级市场、百货商店通过登记用户信息，为用户编制一个专属的二维条码，发送给用户作为新型的贵宾卡，不仅对客户信息进行保密，还可以向客户手机发送不同的活动消息、实惠广告，方便传播最新的商品信息。

③ 手机二维码电子商务。

二维码将成为移动互联网和O2O的关键入口。随着电子商务企业越来越频繁地进行线上线下互动，二维码已经成为电子商务企业的重要营销载体。二维码在电商领域的广泛应用，为消费者带来更便捷和快速的消费体验。例如淘宝、天猫、聚美优品等线上电商，通过编制商店、商品二维码，方便用户上网进行搜索，并不定时地向用户发送商店广告和活动消息。

④ 手机二维码创意广告。（见图371）

随着智能手机的普及，各种创意二维码应用也随之出现，极具创意的二维码应用有：二维码请柬、二维码签到、二维码名片、二维码指示牌、二维码宣传广告、二维码食品身份证等。例如，二维码宣传广告，方便查阅，用手机扫描二维码就可以知道广告商品的性质、用途、价格、公司地址等，并且还可以直接用手机进行购买、收货等。新兴的二维条码创意越来越受到年轻人的喜爱，加速了二维码的发展。

（3）手机二维码广告存在的问题。

二维码的应用越来越普及，但随之而来的，如恶意程序、钓鱼网站、手机病毒等通过二维码传播的风险也在加大。用户扫码后单击链接、下载App等都可能中毒。一些网站可能有流氓插件，App只是木马病毒伪装的，用户只要扫描，手机直接表现出流量异常，还可能泄露手机上存储的通信录、银行卡号等隐私信息，甚至被乱扣话费、消耗上网流量。这种情况其实与手机登录恶意网站、下载病毒应用程序一样，只不过是改头换面通过二维码这一载体表现出来。对于这种情况，可采取两条防护措施，一是不要刷一些不正规网站上提供的二维码；二是要在手机中安装相应的防护程序。

（4）手机二维码广告的发展趋势。

① 手机二维码是移动互联网的入口。

随着4G/5G移动网络的发展，智能手机和平板电脑的普及，手机二维码广告不会受到硬件设备和时空的局限。商家通过编制二维码发布广告信息，用户可以通过移动网络，扫描二维码，实现实时的购物，物流的适时跟踪。随着国内物联网产

图370　大广赛广告（微信广告）

图371　海岸城广告（微信广告）

图372　PHILIPS广告（互动式推送微信）

图373　instagram广告（微信广告）

图374　烈日灼心电影广告（微信广告）

图375　扫一扫微信广告（微信广告）

业的蓬勃发展，相信更多的二维码广告将被开发出来并应用到各行各业的日常经营活动中，二维码成为移动互联网入口将成为现实。

② 移动互联网发展必将给手机二维码广告带来空间。

"手机二维码广告是未来热门行业，今后几年二维码广告市场规模不断扩大。"二维码在产业链上还涉及产品防伪、质量监控、移动安全、数据库营销、物流管理、移动社交、身份验证、广告互动、广告监测、移动支付电子票务、打折优惠等商业信息化和移动营销商务。

总之，在这个科技日新月异的时代，人们不仅能够随时随地在手机上获得各界的信息，制作二维码广告，而且通过手机将全面整合多种跨平台的信息，又促使手机成为精准、高效、低成本的、具有独特优势的营销平台。手机不同于传统的平面媒体、广播媒体、电视媒体和互联网媒体，它可以提升公司的企业及品牌形象和服务品质，实现无形资产的增值，同时能为广告业带来一片全新的发展空间。

4．手机广告的未来

4G/5G网络技术的发展带动了手机上网的速度，手机等移动终端广告必将融入商品经济中和人们的生活中。手机覆盖面极广，加上有效的定向营销，手机广告制作相对简单，制作成本低，投放的性价比远高于传统媒体。近年来已有越来越多的广告主认识到手机媒体的广告表现形式和内容远远胜于其他传统媒体。它可以实现精确投放和后续营销，这是其他媒体所不具备的绝对优势。所以它的未来拥有无限生机。

不过，这快速崛起的行业，也面临很多的挑战。

（1）用户的个人信息和隐私容易暴露。

（2）不法行为者发送违法广告。不法行为者利用手机使用者妄图利用不合法手段为自身谋取私利的心理，投其所好，提供高利贷或者购买软件窥视他人短信等宣传手法，骗取消费者钱物。

（3）手机病毒。手机上网正在慢慢代替电脑上网。这一特性也把曾属于电脑专用的“病毒”一词带给了手机。

第十一节　广告媒体策略

媒体策略是把广告营销的需求转化为可行动的媒体目标，在对营销背景、营销目标和营销渠道等基本的营销问题进行充分的研究后，把目标可行化于媒体上，再通过媒体方法给予解决。它立足于营销目标和广告目标保持一致的前提下，对媒体实施通盘的统筹规划。

媒体策略是为媒体活动而制定明确的方针策略，是对媒体选择、媒介组合、传播机会、传播目标、传播效果等做出明确的、原则性的规定，保证企业广告达到预定目标，而对不同个性广告媒体的有效组合和运用。

1. 媒体组合方法

在现代广告活动中，单独使用某个媒体往往达不到广告目的，通常需要使用两种以上不同媒体，相互配合，相互补充，协调运作。常用的方法有以下几种。

（1）点面效应互补法。选择一个覆盖面极大媒体的同时，再选择几个针对性较强的媒体进行发布。

（2）时效差异结合法。选择一个或几个短时效媒体（如选择广播、电视、报纸）的同时，再选择一个或几个长时效的媒体（如路牌、灯箱、杂志、网页等），这样有利于扩大信息接触面，提高信息扩散度。

图376　微信微博广告

图377　微信微博广告

图378　夏菲尼高户外广告

（3）时间交替组合法。利用在时间上的交替形式，使信息送达主要媒体未达到的受众。

（4）媒体个性互补组合法。当以某个媒体为主时，选择另一个或几个与主媒体有互补作用的其他媒体作为补充，使信息传达更全面、更完整。比如当一个新产品上市时，以电视做品牌和产品外观诉求，同时选择报纸或杂志做产品质量和功能诉求。

另外，还有很多组合方法和各种安排，在此就不必列举了，总之媒体组合安排灵活多样，要根据媒体个性、产品和目标市场的具体情况而灵活组合运用。

2. 制订媒体运作方案

媒体运作方案通常是以图表和文字形式表达媒体策略的文本，是对媒体战略所确定的各项内容依次排列，逐一深化后推断出来的结果。

媒体计划书通常包括的项目有：文件标题、媒体计划、媒体策略组合、发布时机与分配量、媒体预算等。

思考题：

1. 何为广告媒体？

2. 如何正确理解广告媒体分类和特征？

3. 杂志广告有哪些特征？优势和局限性各是什么？

4. 何为移动终端广告？

5. 手机二维码广告发展趋势是什么？

6. 何为媒体个性互补组合法？

作业安排：

为某一品牌或产品设计创意系列的手机二维码广告。例如苹果、三星等，也可自选。

单元要求：

充分掌握各类广告媒体基本特征，根据现实的市场变化，熟练运用媒体战略，依据市场、产品的需要选择媒体发布广告，有效地把握各媒体的特殊个性以及对媒体进行具有创意性的组合运用，使广告信息快速而有效地传达到目标市场，与消费者见面。要求学生根据自己的广告策划书写出媒体发布方案。

第六章

THE SIXTH CHAPTER

社会公益广告

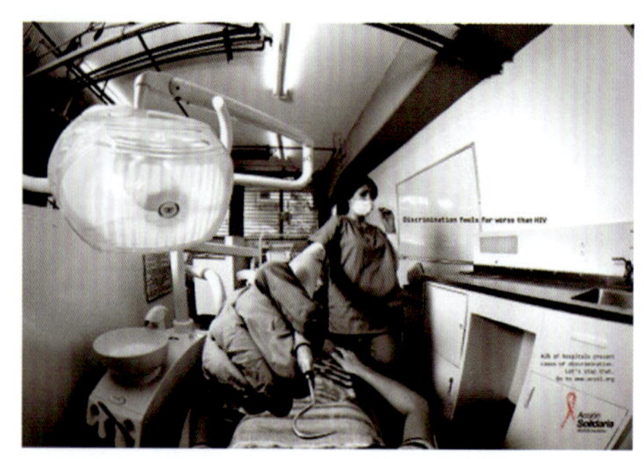

图379-1　公益广告 文案：歧视的感觉远远比HIV更糟糕

图379-2　公益广告 文案：歧视的感觉远远比HIV更糟糕

图379-3　公益广告 文案：歧视的感觉远远比HIV更糟糕

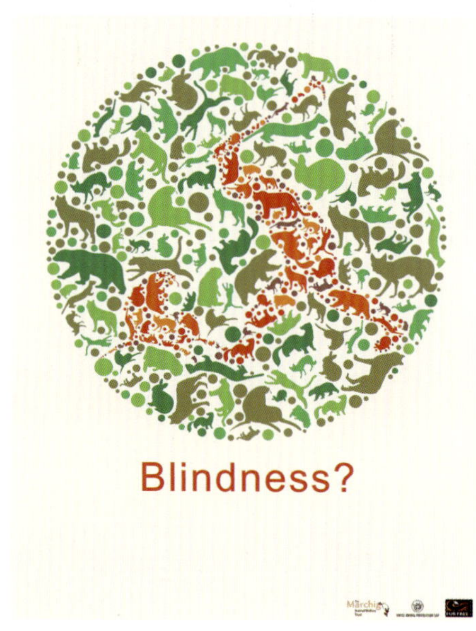

图380　反皮草广告　创意：孙亿文 设计：苗荷兰

第一节　社会公益广告的定义与分类

本书之前在广告分类里讲到：广告按目的可分为商业性广告（营利性）和公共服务性广告（非营利性）两大类。公共服务性广告是非营利性、非商业性的，除了政府、社团公告和个人启事等，其他均可称为社会公益广告。

公益广告是以为公众谋利益和提高福利待遇为目的而设计的广告，是企业或社会团体向消费者阐明它对社会的功能和责任，表明自己追求的不仅仅是从经营中获利，而是过问和参与如何解决社会问题和环境问题这一意图的广告，它是指不以营利为目的而为社会公众切身利益和社会风尚服务的广告。它具有社会效益性、主题的现实性和表现的号召性。公益广告是社会公益事业的一个最重要部分，与其他广告相比，它具有相当特别的社会性。公益广告的主题具有社会性，其主题内容存在深厚的社会基础，它取材于老百姓日常生活中的酸甜苦辣和喜怒哀乐。并运用创意独特、内涵深刻的艺术制作等广告手段，以不可更改的方式、鲜明的立场及健康的方法来正确引导社会公众。

公益广告的诉求对象又是非常广泛的，它是面向全体社会公众的一种信息传播方式。例如，在提倡戒烟、戒毒的公益广告中，直观看仅仅是针对吸烟、吸毒者，但是烟、毒的危害已经伤及到环境中的其他人了。所以说，公益广告拥有最广泛的广告受众。从内容上来看大都是我们的社会性题材，从而导致它解决的基本是我们的社会问题，这就更容易引起公众的共鸣。因此，公益广告容易深入人心。企业通过做这样的广告就更容易得到社会公众认可。

从广告发布者身份来分，公益广告可分为以下三种。

第一种是媒体直接制作发布的公益广告，如电视台、报纸等。比如中央台就经常发布此类广告。这是媒体的政治、社会责任。第二种是社会专门机构发布的公益广告。比如联合国教科文组织、联合国儿童基金会（UNICEF）、世界卫生组织、国际野生动物保护组织分别发布过“保护文化遗产”“儿童有受教育权利”“不要歧视艾滋病人”“保护珍稀动物”等公益广告。这类公益广告大多与发布者的职能有关。第三种是企业发布制作的公益广告。比如波音公司曾发布过“使人们欢聚一堂”等公益广告。企业不仅做了善事，也确立了自己的社会公益形象。

从广告载体来看，可分为媒体公益广告（如刊播在电视、报纸上的广告）和户外广告（如车站站牌、公交车车身、路牌上面的公益广告）。

从公益广告题材上分类，可分为政治、政策类（如中国梦、民族复兴、迎建国、科技兴国、反腐倡廉、扶贫等）、节日类（如“五一”“教师节”“重阳节”“植树节”等）、社会文明类（如光盘行动、低碳环保、节约用水、节能减排、关心残疾人等）、健康类（如禁止吸烟、全民健身、爱眼日等）、社会焦点类（如打假、扫黄打非、反毒、希望工程等）。

图382 全国纪检机关反腐大赛特等奖 作者：徐含景 指导老师：孙亿文

图381 Surfrider Foundation Europe 公益广告

图383 Boko Halal 公益广告系列

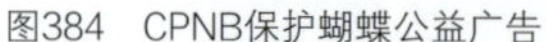
图384　CPNB保护蝴蝶公益广告

图385　IPTRAN公益广告　文案：这不好笑以免发生意外。不要酒后驾车

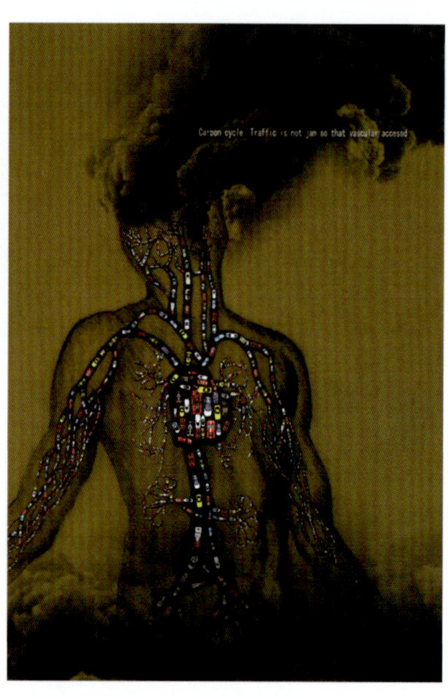

图386　《通则不痛》公益广告

图387　公益广告　文案：我们住的地方有一天他们住

第二节　社会公益广告的特征

只有深刻了解公益广告的特征，才可能创做出好的公益广告。公益广告作为广告的一个分支，除了具有广告的一些共性之外，还具备自己的一些个性。笔者综合分析，认为公益广告具有以下特征。

1．公益性

公益性是公益广告最本质的特征，它不是为了让企业获取经济上的利润，也不是哪个政治团体为了获取在政治上的支持，而是纯粹意义上为公众服务的广告，不含有任何商业利益，唯一的目的就是为大众谋福利，为社会的发展做贡献。公益广告是面向社会广大公众，针对现实时弊和不良风尚，通过短小轻便的广告形式及其特殊的表现手法，激起公众的欣赏兴趣，进行善意的规劝和引导，匡正过失，树立新风，影响舆论，疏导社会心理，规范人们的社会行为，以维护社会道德和正常秩序，促进社会健康、和谐、有序运转，实现人与自然和谐永续发展。可见，公益广告之所以叫公益广告，是因为公益性是它的本质特征，它关注的是整个社会的共同利益。纵观中外公益广告的宣传主题：保护生态、爱护地球，反对邪教、崇尚科学，反对战争，倡导礼貌的社会风尚，爱国主义等，无不是社会公益性内容，不是为某个人或某些组织的个别利益服务，而是围绕公众的利益展开宣传的。

2．非营利性

非营利性是公益广告的一个重要特征，它之所以和商业广告区别开来，重要原因正在于此。无论是哪个团体、组织或部门发布的公益广告，其目的都是非营利的。商业广告的目的是为了获得经济利益，花钱做广告的人要得到直接的经济效益；公益广告则是花钱做广告，为大众传递信息，只为引发大众对某些社会热点、公益事件的关注，服务于社会，它是一种对社会奉献精神的体现，不以营利为目的。可见，公益广告不是为了某个企业或组织而做的企业形象广告，也不是为宣传介绍某种商品或服务而做的，因而其目的不是为了赚钱，即非营利性是它的一个重要特点。一直不间断地播放公益广告要花掉大量的电视版面时段，而且制作公益广告片还要花费巨大的人力、财力，而这些开支是不能像商业广告一样被打入商品的成本而得到回报的，这种在经济上的无偿付出本身就是为社会服务而不计自身的经济回报的体现。

3．社会性

公益广告所关注的不是一个人或少部分人的问题，而是关注着人们普遍关心的社会性问题，因而具有社会性的特征。这一特征体现在公益广告所宣传的主题中，如环境保护、见义勇为、尊师重教等主题无一不具有社会性的普遍意义，它的社会性是和公益性是分不开的。公益广告只有以社会性的重大主题作为宣传内容，才能引起公众的强烈共鸣，才能为社会公众所普遍重视，因而才能起到为公众的利益而倡导一种新风尚或宣传一种新观念或激发公众的爱国热情或规劝警示公众等作用。由于人们关心的社会问题具有鲜明的时代性，因此公益广告的社会性往往表现为时代特色，它取材于当代社会，针对时代热点和难点问题展开公益宣传。

4. 通俗性

公益广告的通俗性是由它的受众是社会公众这一特点所决定的。其他商业广告面对的是某一特定的目标受众，所以其广告的表现形式和内容都要符合目标受众的特点，而公益广告的受众为广大公众，受众的文化程度不一，理解能力不一，因此公益广告必须雅俗共赏，不仅要求广告的传播内容要具有普遍意义，而且形式上要通俗、简洁，语言要平易近人、通俗易懂、适合大众。也只有这样，公益广告才可能真正起到服务公众的目的。

图388　cpcr中心公益广告

图389　关心儿童公益广告

图390　冲浪者联盟公益广告系列

思考题：

1. 如何正确理解公益广告的定义与分类？

2. 从公益广告题材上分类，可分为哪几类？

3. 公益广告与商业广告的差异性是什么？

4. 如何深入理解公益广告的通俗性与社会性？

作业安排：

1. 与时俱进记录国内外当前热点新闻，重点考察国内热点。

2. 创意设计相关公益广告系列作品（不少于3幅）。例如，低碳环保公益广告、反腐倡廉、勤俭节约公益广告等，也可自选。

单元要求：

培养学生关心社会，关注国家大事，深刻体会思想性、公益性与艺术性相结合的思维理念与艺术形式。创意表现手法可以用多种手法。

图391 Globalization公益广告

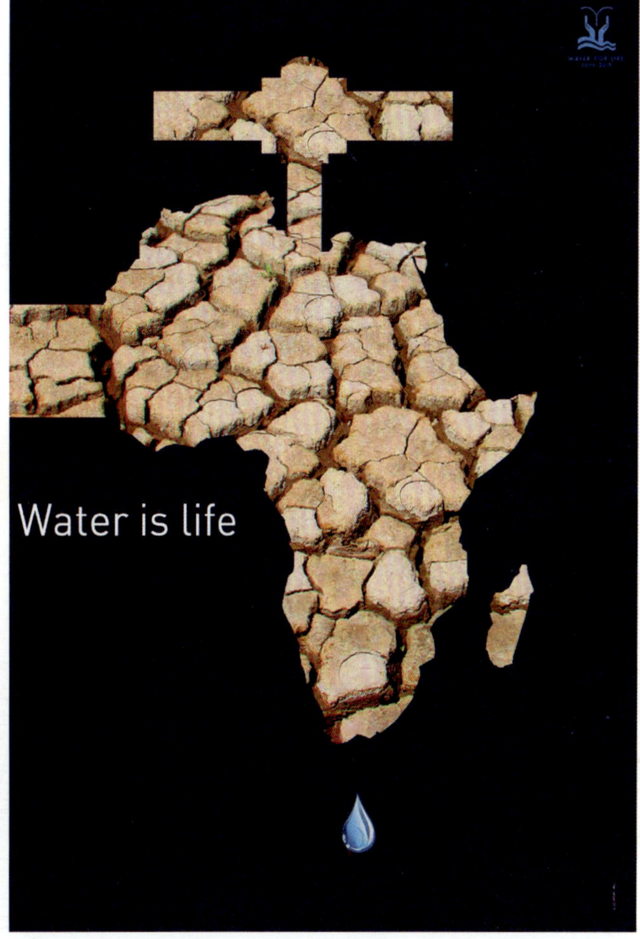

图392 水是生命 联合国公益广告铜奖 创意：孙亿文 设计：陈艳艳 导师：克里斯坦

图393　国际特赦组织公益广告

图394　WWF公益广告

图395　World Vision公益广告

图396　戛纳获奖平面广告　新加坡危机援救

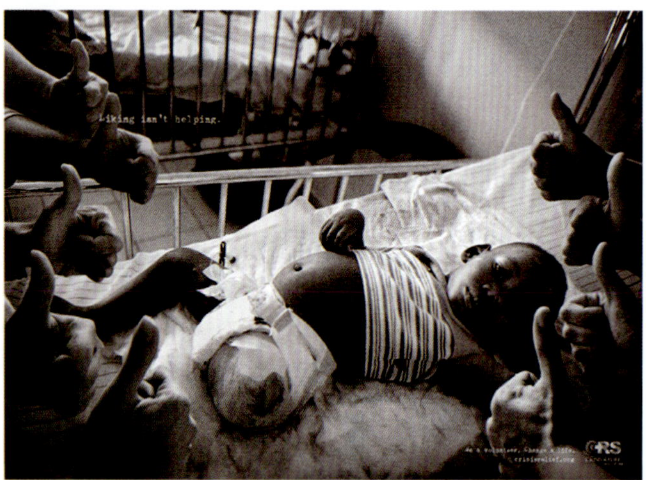

图397　戛纳获奖平面广告　新加坡危机援救

图398　保护海洋公益广告

图399　保护海洋公益广告

图400 Un Techo Para Mi País公益广告系列

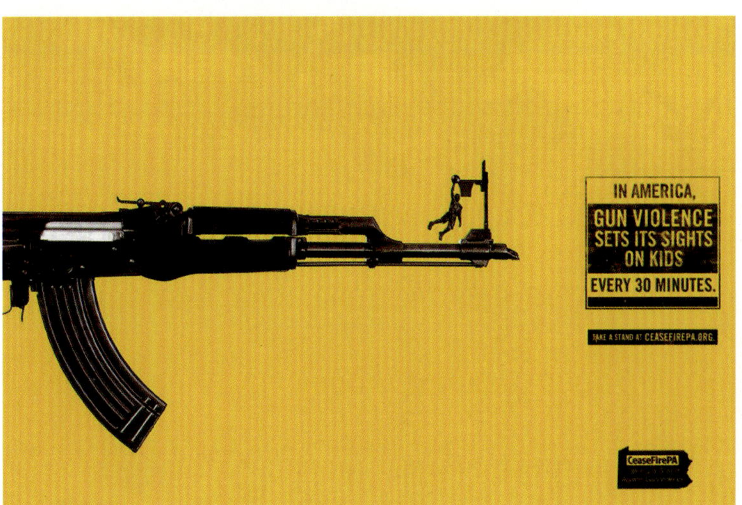

图401 公益广告

图402 WWF保护动物公益广告

图403 关爱老人公益广告

图404　Airtel Uganda公益广告1

图405　Airtel Uganda公益广告2

图406　全国“张江杯”大师奖银奖《雾霾》广告　创意：孙亿文　设计制作：张吉敏

第七章

优秀获奖作品及实战案例赏析

图407　杭州国际旅游节广告金奖　创意：孙亿文　设计制作：王雨涵　严姚桥

图408　Children Rights公益广告1

图409　Children Rights公益广告2

图410　广本汽车广告 2015戛纳广告银奖

图411　Go Outside户外广告

图412　香港撒玛利亚会公益广告　作者：上海扬罗必凯

图413　广本汽车户外广告

图414　奔驰汽车平面广告

图415　奥迪汽车广告

图416　公益户外广告

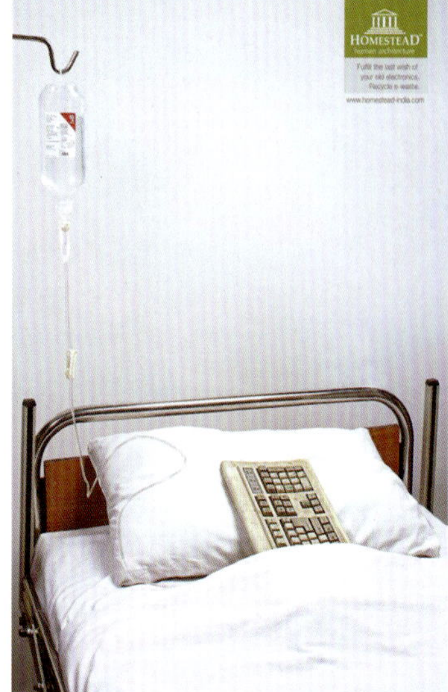

图417　Homestead公共服务广告

图418　Beak & Sons平面广告

图419　新鲜蔬菜广告

图420　公益广告

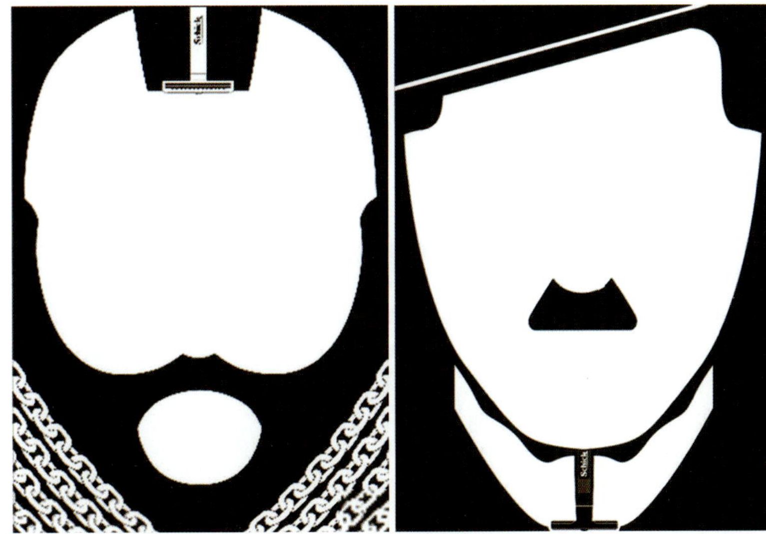

图421　ENERGIZER PHILS剃须刀 戛纳创意节户外类别金奖

图422　EMURP Music School平面广告

图423　企鹅读书平面广告

图424　Havaianas系列广告服装

图425　Mai Sushi麦寿司平面广告

图426 阿联酋航空公司招聘广告

图429 BERLITZ语言学校广告 戛纳金奖

图427 别克汽车系列广告1

图428 别克汽车系列广告2

图430 TOUR 广告

图431　OPPO手机广告　作者：蒋秀丽　指导老师：孙亿文

图432　Col é gio Villa Lobos广告

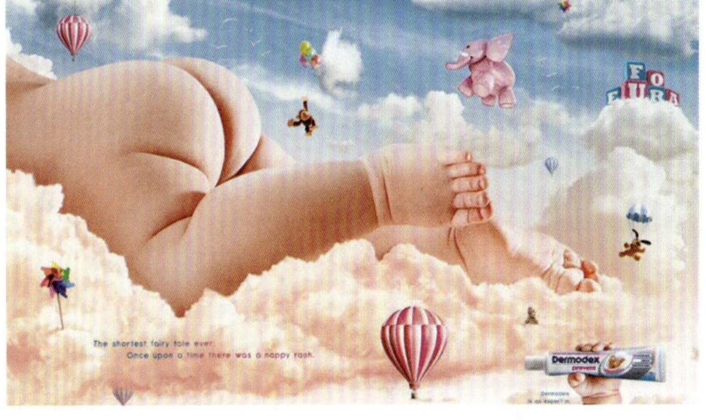

图433　Dermodex医药系列广告

图434　阿司匹林医药系列广告

图435　OHL Highway Concessions地毯公路平面广告

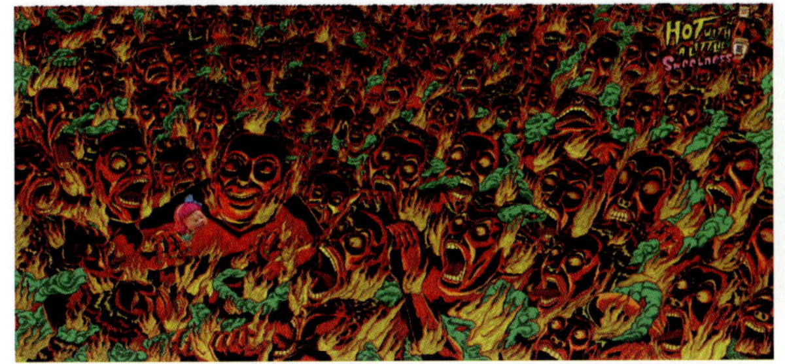

图436　亨氏食品系列广告1

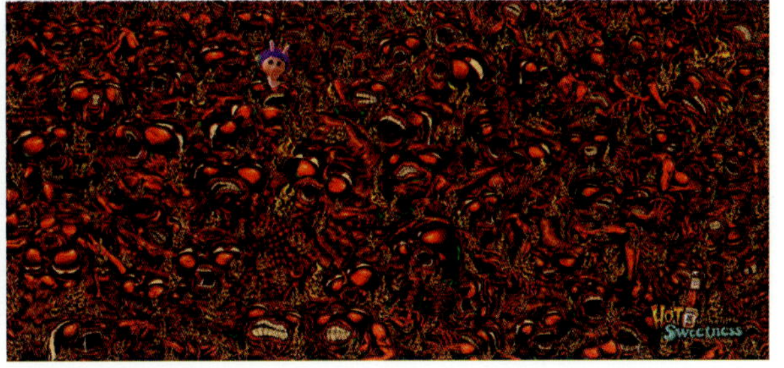

图437　亨氏食品系列广告2

图438　唐文印象动漫设计　设计：郑之初 林剑　创意：孙亿文

图439　Yatra.com平面广告

oppo
我的世界 因我不凡
关注·幸福视力表

走近你、贴近你…… 我的世界，因爱而不平凡

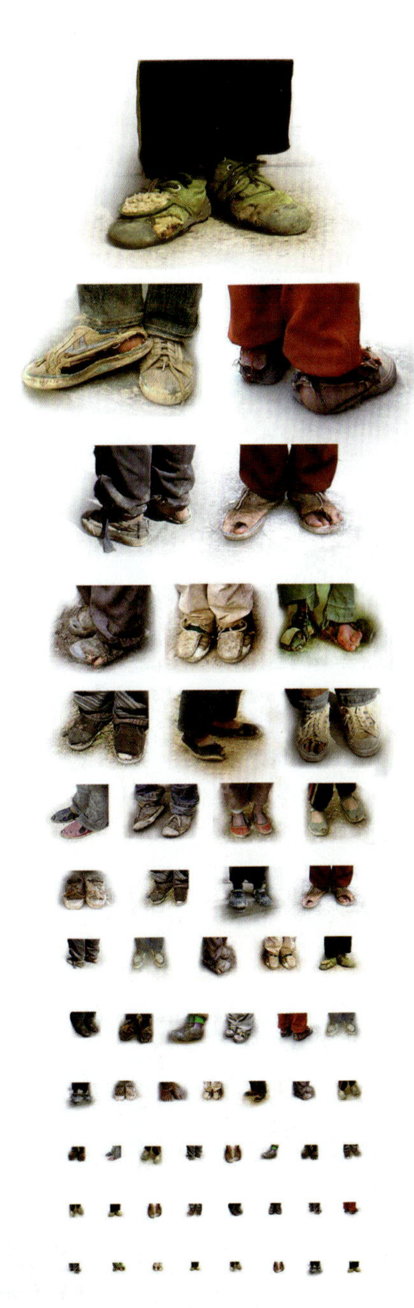

图440 oppo公益广告 第六届全国大广赛浙江省赛区 一等奖 作者：张逸婷 汤昊 指导老师：孙亿文

图441　沈阳心理研究所广告　作者：北京奥美

图446　房地产广告　作者：汪洁　指导老师：孙亿文

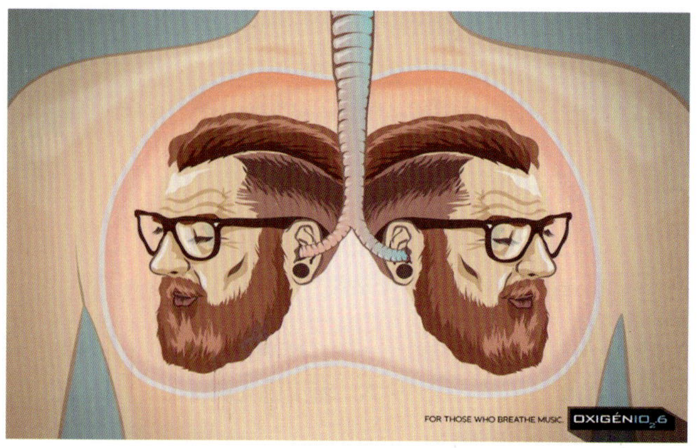

图442　Oxig é nio平面广告

图443　oppo平面广告　作者：程超

图444　雀巢平面广告

图445　房地产广告　作者：汪洁　指导老师：孙亿文

图447　香港撒玛利亚会公益广告　作者：上海扬罗必凯

图448　香港撒玛利亚会公益广告　作者：上海扬罗必凯

图449　Kei眼镜系列广告

图450　禁烟广告 靳埭强设计大赛优秀奖　作者：刘盈　指导老师：孙亿文

图451　国际反皮草大赛优秀奖　作者：贺欢燕　指导老师：孙亿文

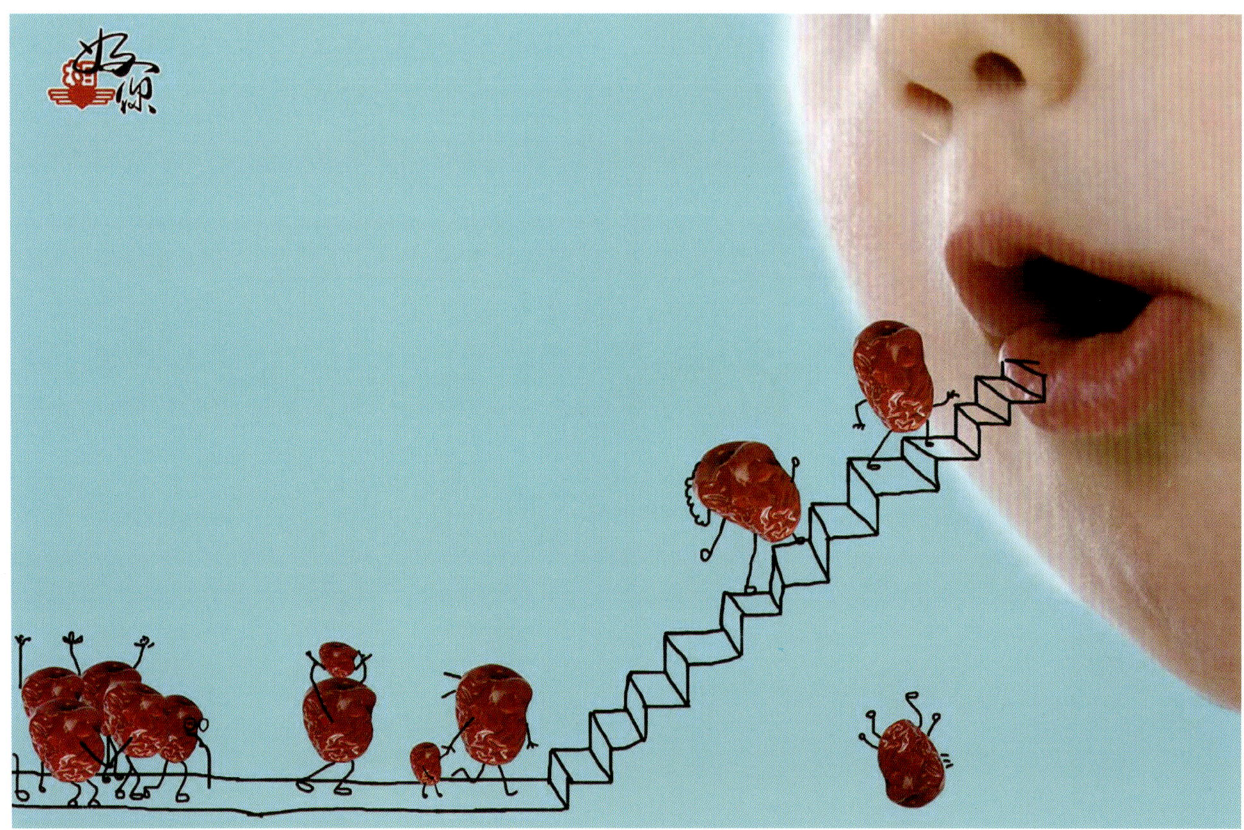

图452　好想你枣广告　作者：周密密　指导老师：俞斌浩 孙亿文

图453　加加酱油广告 全国大广赛二等奖　作者：张逸婷　指导老师：俞斌浩 孙亿文

图454　印象台湾高山族系列　创意：孙亿文　设计制作：毛利静 蔡之君

中国
高山族
邹族

中国
高山族
阿美族

中国
高山族
布农族

中国
高山族
排湾族

40分
阿美族
高山族
名票

图455　杭州地铁户外广告、VI设计　作者：俞斌浩 孙亿文

投诉电话：139888 88888

设计单位：北京城建设计研究院
施工单位：中铁一局集团有限责任公司
监理单位：北京地铁监理公司
杭州市地铁集团有限责任公司 萧山区地铁办

投诉电话：139888 88888

设计单位：北京城建设计研究院
施工单位：中铁一局集团有限责任公司
监理单位：北京地铁监理公司
杭州市地铁集团有限责任公司 萧山区地铁办

投诉电话：139888 88888

设计单位：北京城建设计研究院
施工单位：中铁一局集团有限责任公司
监理单位：北京地铁监理公司
杭州市地铁集团有限责任公司 萧山区地铁办

投诉电话：139888 88888

设计单位：北京城建设计研究院
施工单位：中铁一局集团有限责任公司
监理单位：北京地铁监理公司
杭州市地铁集团有限责任公司 萧山区地铁办

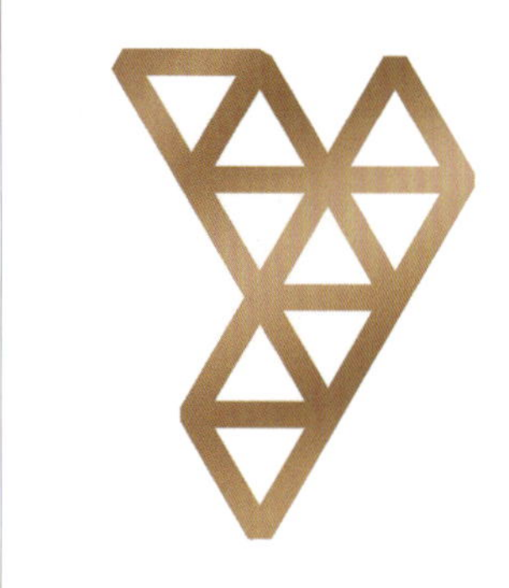

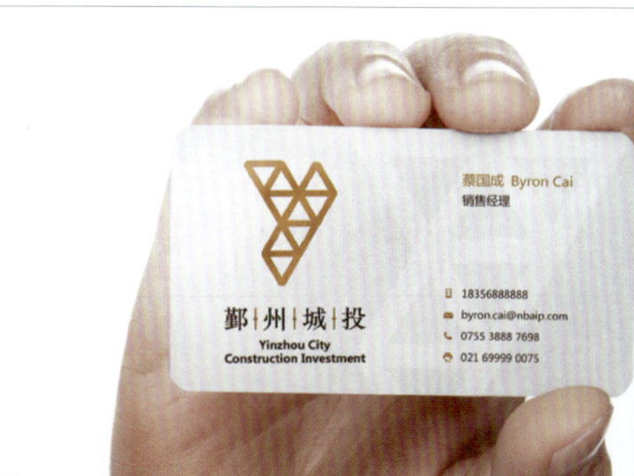

图456　鄞州城投广告　品牌总监：黄志宇

图457　爱乐观潭广告　品牌总监：黄志宇

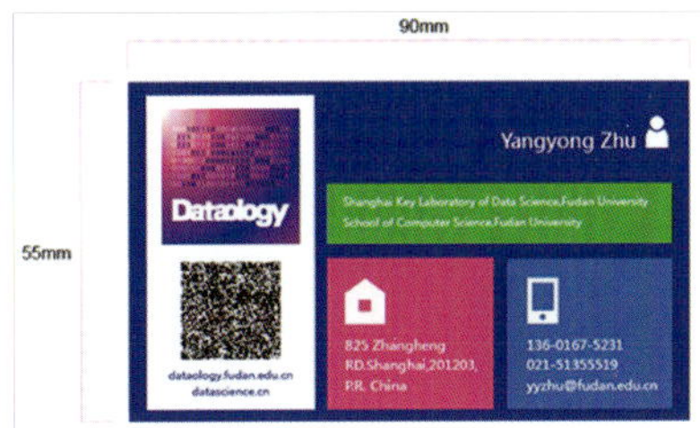

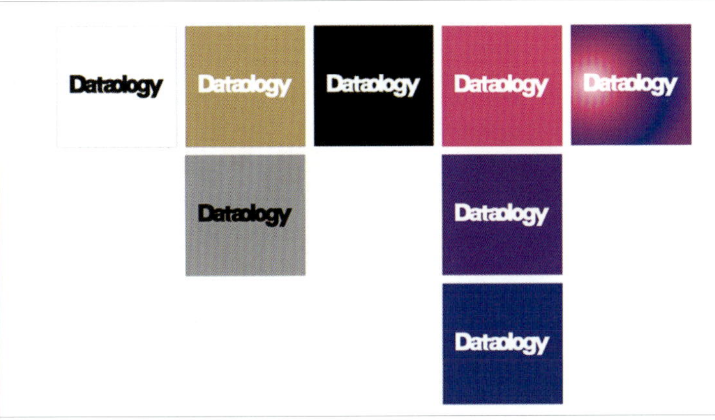

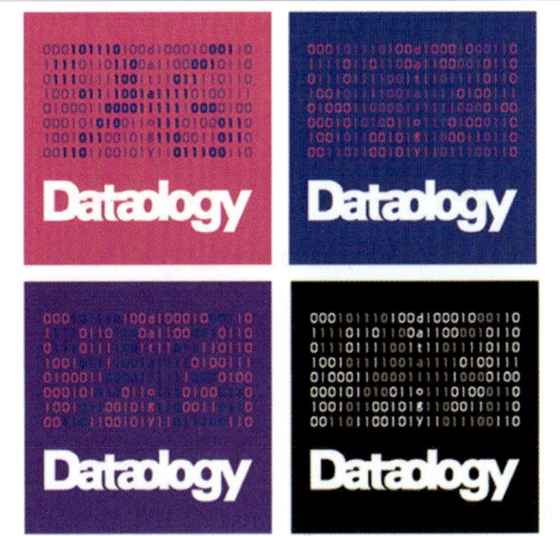

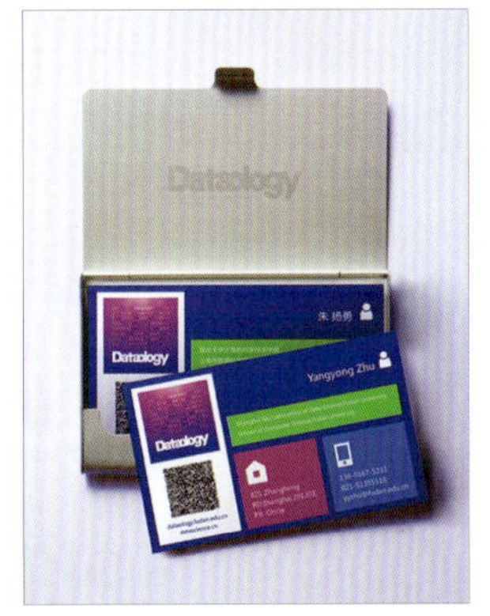

图458　上海数据科形象设计广告　品牌总监：黄志宇

图459　明道平面广告　品牌总监：黄志宇

中华人民共和国第十届少数民族传统体育运动会会徽

The 10th National Traditional Games of Ethnic Minorities of the People's Republic of China Emblem

图460　第十届全国少数民族传统体育运动会会徽　作者：厦门理工学院 康兵 教授

图461　浙江省第九届挑战杯标志　作者：程超 倪佳喜　指导老师：孙亿文

SHENGYE
FACTORING

图462　盛易通标志　品牌总监：黄志宇

图463　吉祥乐标志　品牌总监：黄志宇

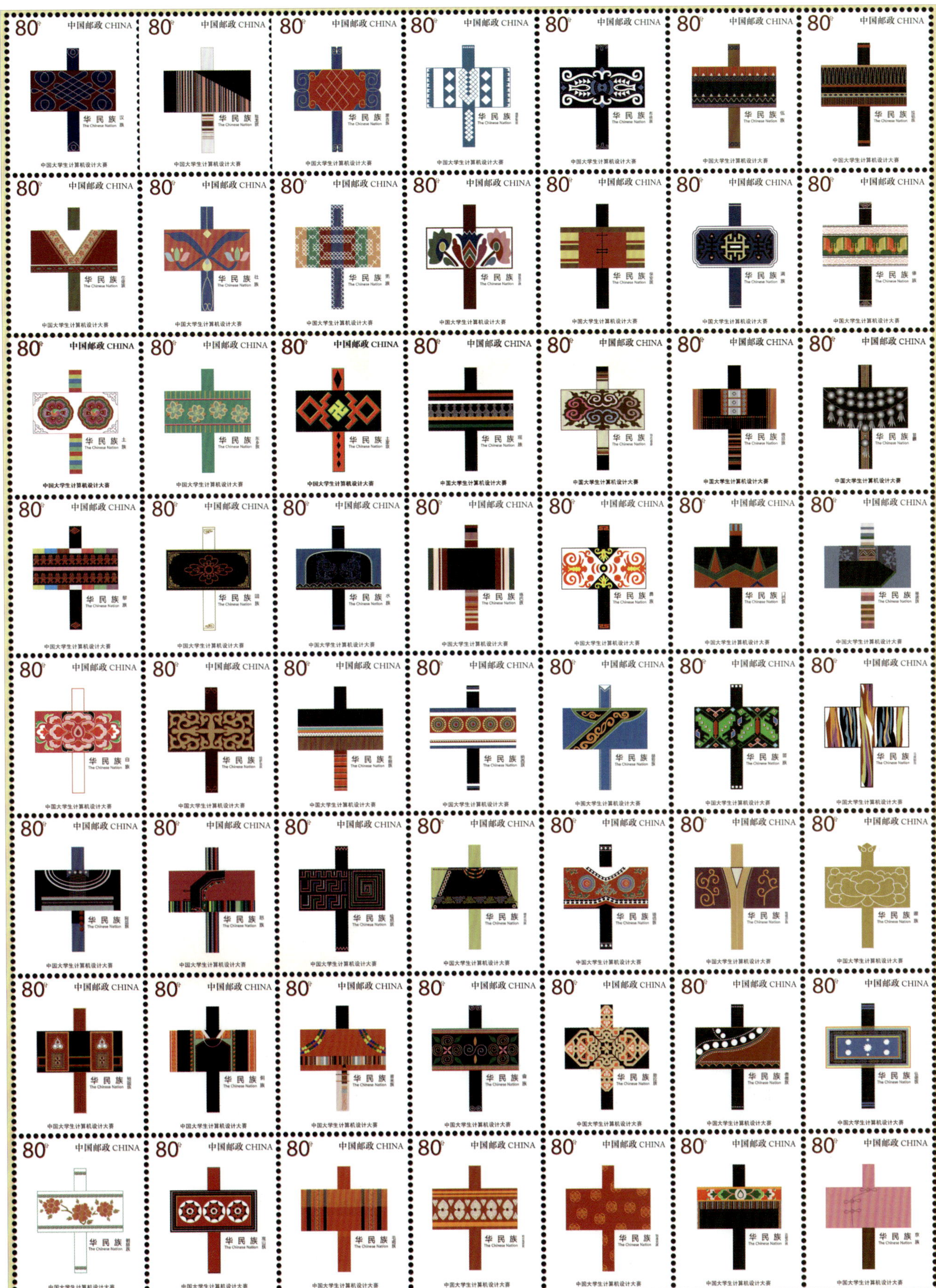

图464　服想中国 全国文科计算机设计大赛一等奖　作者：何赛飞 王琪　指导老师：林国胜 孙亿文

附录一 广告专业术语

4A广告公司：4A，是The American Association of Advertising Agencies的缩写，即“美国广告代理协会”。因有四个单词是以A开头，故称为4A。4A成为广告公司希望加入的组织。

CD/ AD/ AE/ AP/ FA：CD〔Creative Director〕——创作总监、创意总监；AD〔Account Director〕——业务指导；AE〔Account Executive〕——客户执行；AP〔Account Planner〕——客户企划；FA〔Finish Artist〕——完稿、画师。

诉求（appeal）：广告通过媒介向目标受众诉说，以求达到所期望的反应。诉求是制定某种道德、动机、认同，或是说服受众应该去做某件事的理由。诉求分三类：理性的、感性的和道义的。诉求所用语句应具有强烈的感染力。

受众构成（audience composition）：广告媒介受众的人数、性别、年龄、职业、经济情况等的构成。

受众份额（audience share）：根据任何日期或时段中，看到广告主广告的受众占总受众的百分比，即为受众份额，也可以是某一电视频道总受众的某一百分比。

线上广告（ATL:above the line）：线上广告的定义主要集中在，传统的四大媒体电视、报纸、杂志、广播外，还囊括了包括户外、互联网等不断涌出的新型媒体。

线下广告（below-the-line advertising）：除线上广告以外的各种广告形式。如促销广告(sales promotion advertising)、购物点广告(P.O.P advertising)，直接邮递广告(direct mail advertising)、还包括举办展览会和发起某项活动。

市场细分化（market segmentation）：即市场区隔、市场分割或市场划分。企业在市场经营活动中，为了更好地满足消费者日益增长的物质和精神需求，需根据一定的标准，把市场划分为拥有特定消费者群的更细小市场。其是企业制定市场营销策略和选择目标市场的前提，通常把经济形态、地理环境、消费者性格和购买行动等因素作为划分的标准，从而对成千上万消费者构成的市场进行细分。

媒介评价（media evaluation）：负责媒介评价的人员，一般被称为媒介计划员。媒介计划员经过评价和选择拟订广告的媒介计划。广告代理商需收集各种有关备选媒介的资料，有时还需要为特定的客户或行业在媒介资料方面做专门服务。发达国家的媒介单位也主动提供有关读者、观众、听众的资料，并印成专册（media kit）免费提供给广告代理商和广告主。媒介计划员要对这些资料进行评价、核实。

媒介组合（media mix）：在同一媒体计划中，使用两种及两种以上不同的媒介，称媒介组合。媒介组合所产生的协同作用，其总和效果远大于各媒体分别相加之和。

媒介目标（media objectives）：媒介和整个市场营销和广告计划的关系，要通过媒介达到的目标市场。

传阅读者（pass on readership）：不是自己花钱购买或订阅刊物，而是看别人购买或订阅的杂志。如图书馆、阅览室的刊物及报纸就有不少传阅读者。媒体可以通过调查提供传阅读者的数目。如果某一刊物的传阅读者是四人，它的总读者即是购买或订阅者数目的四倍。

渗透度（penetration）：媒介深入到受众的程度。以能直接接触媒体的个人或家庭的比率来计算。媒介为了证明自己的渗透度编制了媒介简介（media kit），详细记载该媒介能深入到多少有购买力的家庭或个人。

潜在市场（potential market）：有潜在购买力，值得开发的市场。通过促销手段，包括广告，可以使潜在市场转变为现有市场。

软销售广告（soft-sell advertising）：和硬销售广告不同，意在满足消费者间接的诉求（appeal），如以情感、悬念等为中心引起消费者兴趣。

附录二　国内外著名广告奖（节）和国内大学生广告与设计奖

一、国内外著名广告奖（节）

1. 纽约广告奖（美国纽约）

纽约广告大奖始于1957年，这个全球竞争性的奖项主要是为非广播电视媒介的广告佳作而设。

网址：http://www.newyorkfestivals.com/

2. 莫比广告奖（美国芝加哥）

莫比广告奖的创始人，是美国著名营销专家J.W.安德森。对于莫比奖的设立，该奖项的主席安德森先生这样陈述：设立莫比奖是要为全球的广告公司、广告制作公司、艺术指导人员以及设计师、电影公司、电视台和广告主提供一个国际性的平台，使他们能够获得对各自成就的恰当评价。

网址：http://www.mobiusawards.com/

3. 伦敦国际广告奖（英国伦敦）

伦敦国际广告奖每年的11月在英国伦敦开幕并颁奖。这项国际大奖，自1985年正式创立以来，每年有近百个国家和地区参加，近年来报名作品均在万件以上，所有的获奖者将得到一座铜像。铜像为一个展翅欲飞、企图飞跃自我的超现实主义的人类外形。

网址：http://www.liaawards.com/

4. 克里奥广告奖（美国纽约）

克里奥大奖创立于1959年，是世界上历史最悠久、规模最大的世界性广告大奖，汇集了来自全球各地的广告公司和专业制作工作室提交的一流创意作品。克里奥广告奖评委会是由在本领域内享有盛名的国际专家组成。评委们独立地评选出最佳获奖作品。

网址：http://www.clioawards.com/

5. 戛纳广告奖（法国戛纳）

戛纳广告大奖源于戛纳电影节。1954年，由电影广告媒体代理商发起组织了戛纳国际电影广告节，希望电影广告能同电影一样受到世人的认同和瞩目。

网址：http://www.canneslions.com/

6．金铅笔广告奖ONE SHOW

The One Show——“金铅笔”，是美国One Club赋予全球顶级广告创意人员的最高奖项，至今已有80年历史。内容包括一年一度的One Show奖和One Show互动奖、青年创意竞赛和学生作品展，以及一系列长达7天的国际顶级广告人互动活动。

网址：http://www.enteroneshow.org/

7．龙玺全球华文广告奖

1999年2月，四位著名华人创意人，在香港做了一件对华文广告界可能有深远影响的事——创办了龙玺全球华文广告奖——一个完全由华裔创意人当家的国际性奖项，一个跨越全球各地华文广告市场的创意奖。

网址：http://www.longxiawards.org.cn/

8．时报亚太广告奖

1990年中时集团创立时报亚太广告奖，旨在促进亚太地区广告业界的交流与共同发展。主要目的在于提升台湾地区广告水平，增广企业的视野并且激发亚太地区专业广告人创意与意见的交换。

网址：http://www.timesawards.com/

9．艾菲奖

艾菲奖（Effie Awards）创立于1968年，是纽约美国营销协会为表彰每年度投放广告达到目标，并获得优异成绩的广告主、广告公司所专门设置的特别广告奖项。

网址：http://www.effiechina.org/

10．中国广告长城奖

这一中国历史上最悠久、规模最大、影响最广泛的广告奖评选，不仅总结年度内创意、制作方面的得与失，最重要的是通过获奖作品唤醒广告人的记忆，指明广告创意、制作的前进方向，使其成为真正专业的、公正的、权威的奖项。

网址：http://www.greatwallawards.org/

11．中国元素奖

继承和发扬中国元素生命力与创造力的同时，给国内、国际创意人与企业提供一个相互交流和融合的平台，表彰杰出的创意英雄，打开中国创意走向世界的通道，展示中国五千年的文明在世界经济全球化的今天，是如何被继承、颠覆、融合、释放。

网址：http://www.chineseelement.com/

二、国内大学生广告设计奖

1．全国大学生广告大赛

全国大学生广告大赛（大广赛）——中国最大的高校传播平台，是由教育部高等教育司主办、教育部高等学校新闻学学科教学指导委员会组织、中国传媒大学与中国高等教育学会广告教育专业委员会共同承办的唯一全国性高校文科大赛。

网址：http://www.sun-ada.net/

2．金犊奖

金犊奖是全球华人地区规模最大的学生广告活动，金犊奖在中国大陆已经连续举办七年，从最开始的几百幅作品发展到现在的万余件作品，每年都有来自世界各地的学生参与。

网址：http://www.ad-young.com/

3．中国大学生广告艺术节学院奖

中国广告协会主办。中国大学生广告艺术节是目前国内唯一由国家工商总局批准、中国广告协会主办的大型大学生广告艺术活动。

网址：http://www.xueyuanjiang.cn/

4．全国大学生设计“大师奖”

全国大学生设计“大师奖”，原名“全国大学生视觉设计大赛”，始于1998年，由留德归国学者、设计教育改革者林家阳教授主持创办，已成功举办了12届。

网址：http://www.masteraward.org/

5．白金创意全国大学生平面设计大赛

由中国美术学院主办的白金创意全国大学生平面设计大赛面向全国大专院校设计专业学生。大赛旨在推动设计教育和设计交流，为广大师生提供一个相互交流和提高的平台。

网址：http://www.platinumaward.org/

6．靳埭强设计奖

靳埭强设计奖致力于以国际先进设计创意理念和具有原创性、本土精神的设计作品推动中国艺术设计教育的发展，致力于用高水准的参评标准启发、引导大学生的设计思维与理念。

网址：http://www.ckad.stu.edu.cn/

附录三　国内外4A公司、知名广告公司、设计机构（排名不分先后）

奥美广告公司(O&M) http://www.ogilvy.com.cn/

麦肯・光明广告(McCann) http://www.mccann.com/

李奥贝纳广告公司(Leo Burnett) http://www.leoburnett.com/

智威汤逊广告公司 http://www.jwtchina.com/

阳狮广告公司(Pulicis) http://www.publicis.com/

盛世长城广告公司 http://www.saatchi.com/

梅高广告公司(Meikao) http://www.meikao.com/

灵狮广告公司(lowe) http://www.loweandpartners.com/

李岱艾TBWA广告公司 http://www.tbwa.com/

恒美DDB广告公司 http://www.ddb.com/

电通广告公司(Dentsu) http://www.dentsu.com/

天联广告公司(BBDO) http://www.bbdo.com/

中视金桥广告公司 http://www.cctvgb.com.cn/

北京未来广告公司 http://www.future-ad.com/

灵智精实(Euro RSCG) http://www.havasworldwide.com/

东道设计 http://www.dongdao.net/

正邦品牌识别设计公司 http://www.zhengbang.com.cn/

精信广告公司(Grey) http://www.grey.com/

恒美广告公司(DDB) http://www.ddb.com/

凯络媒体(Carat) http://www.carat.com/

互通国际广告公司 http://www.hutongguoji.com/

达彼思广告公司(BATES) http://www.batesasia.com/

博报堂广告公司(HAKUHODO) http://www.hakuhodo.cn/

浩腾媒体(OMD) http://www.omd.com/

尚扬媒介 http://www.mecglobal.com/

厦门无石文化创意有限公司 http://www.xmut.edu.cn/

游明龙设计有限公司 http://yudesco.com.tw/

杭州太古广告设计有限公司 http://www.cntiger.com.cn/

志宇（上海）品牌设计事务所 http://www.inggni.com/

黑马广告 http://www.bh-ad.com.cn/

靳与刘设计顾问有限公司 http://www.kanandlau.com/

李永铨设计有限公司 http://www.tommylidesign.com/

陈飞波设计 http://www.bobchandesign.com/

王序设计 http://www.wangxu.com.cn/

晏钧企划设计 http://www.yanjun.net/

陈幼坚设计 http://www.alanchandesign.com/

深圳黑弧广告 http://www.szblackarc.com/

肖勇设计 http://www.xiaoyong.com/

南风设计 http://www.needfulad.com/

杜峰松设计 http://www.dudo.com.cn/

柯力设计 http://www.kelidesign.com/

广州元龙广告 http://www.sunmarch.com/

深圳海天广告 http://www.kingcid.com/

广州天艺广告 http://www.tianyi-ad.com/

广州创见广告 http://innovt.com/

深圳派力广告 http://www.szplan.com/

深圳万意达广告 http://www.master-ad.com/

巴蜀新形象广告传媒股份有限公司 http://www.bsnia.com/

上海韦肯汤威广告有限公司 http://www.v-ictory.com/

里程设计 http://www.richondesign.com/

东韵品牌顾问 http://www.hzdyad.com/

设计马达品牌顾问机构 http://www.designmotor.com/

深圳形而上广告 http://www.upandup.cn/

天川和信品牌设计公司 http://www.tt-d.com/

深圳锐奥设计公司 http://www.layoutad.com/

深圳香蕉设计 http://www.bananadesign.cn/

北京灵顿品牌管理咨询有限公司 http://www.ringtown.net/

深圳卓上设计有限公司 http://www.zhuoshang.cn/

广州鲜度设计顾问有限公司 http://www.sido.cn/

上海八点品牌设计 http://www.8-a-m.com/

广州市龙堂品牌设计有限公司 http://www.helloddc.com/

吉林金炉品牌设计研究院 http://www.jinlusheji.com/

济南壹马品牌设计 http://www.sd100.cn/index.html

郑州何视品牌设计 http://www.heyes.com.cn/

福州零点贰仟设计公司 http://www.starting2000.com/

大连壹品形象设计有限公司 http://www.ypin.net/

顾鹏设计 http://www.gupeng.com/

北京理想创意艺术设计有限公司 http://www.bjideal.com/

赤风广告 http://www.redwind.cn/

深圳尚成品牌设计 http://www.sioad.com/

朗图创意体 http://www.rito.cn/

香港奥文广告公司 http://www.ocadhk.com/

上海国泰广告有限公司 http://www.catholic.net.cn/

北京帝诚国际广告有限公司 http://www.dci.cn/

广东省广告股份有限公司（GDAD） http://www.gdadc.com/

博达大桥广告公司(FCB) http://www.fcb.com/

厦门市夏广广告有限公司 http://www.xm-ad.com/

优秀的广告创意人十大标准

1. 天马行空的想象力，神闲气定的驾驭力，果断冷峻的判断力，快刀斩乱麻的执行力。

2. 协同创新，文理交融。既能带领团队攻城拔寨，又能以一挡十，独立攻克难关。

3. 观察力犀利，像常人一样看问题，但考虑问题时会采取跟常人不一样的视角。

4. 具有强烈的责任心和原则性。责任心和原则性就是工作与生活背后的驱动力。

5. 工作有计划条理、有团队精神，愿与别人分享荣誉，如有失误，也愿意承担责任。

6. 一个优秀的演说家、卓越的教员和伯乐，始终对人生和事业充满乐观精神。

7. 蓬勃的创作欲望，火一般的热情。发现变换着寻找、尝试解决问题的新途径。

8. 乐于挑战。能轻易地将孤立的经历联系起来，能迅速地将信息和观点来源与内容分离开。

9. 不依赖权威，不迷信教条。心中有格局，循序渐进，不担心作品一时成败。

10. 精力充沛，正气足。拥有特别充足的心理调节能力、思想体系和体力，能屈能伸。

后　记

本书主要参考普通高等教育国家级规划教材——康兵教授编写的《视觉传达基础与应用》、国家工商行政管理局广告司和人事教育司编写的全国广告专业技术岗位资格培训教材《现代广告专业基础知识》。这些教材是非常值得在院校推广使用的较全面的、实用性强的基础知识教材。

笔者在教学过程中，多次把学生扔到垃圾桶里的创意，重新抢救回来，通过整合、修改，让学生作品获得重生，并拿回大奖，这样的案例不胜枚举。因此，没有教不好的学生，只有不走心的老师。笔者团队通过近30年的理论与实践，深刻感受到基础知识的重要性和广告创意前期工作的重要性。设计师必须系统地了解和掌握市场调研与广告策划的方法，并根据产品、市场、营销策略和广告策略等因素进行创意设计，必须厚积薄发，才能有的放矢地达到广告目的。通过本书的学习，能够对本课程的基本概念与相关的理论知识，以及各种广告设计的规律性技法，有一个系统的了解和不同程度的掌握。由于篇幅限制，在某些具体细节方面未深入，即留给学生在课堂上进行互动。学生把问题提出来教师做解答，或者教师把问题提出来学生来解答，共同研究是最好的启发性教学和互动教学方法。本书布置了思考课题和许多作业，是为了帮助学生深入思考，加深对课程内容的理解和掌握，并进行创造性思维与创意设计制作实践，亲身体验广告实战具体过程。

本书还参考了尹定邦主编的《设计教程从书•五大构成》（辽宁美术出版社）；金琳、赵海顺、周燕芳编著的《网络广告设计》（上海人民美术出版社）；张建平、荆雷编著的《CI战略的教学与设计》（河北美术出版社）；阮恒辉主编《广告运作实务》（东方出版中心）等部分理论；陈宏年、杨蕾、芦影著的《广告设计基础理论》（北京广播学院出版社）。

本书在选用国内外知名公司获奖作品、新锐设计师作品、实战案例的同时，还选用了学生优秀获奖作品，都是极具代表性的作品。由于一些图例作品的作者姓名、地址不详，又无法联系，如有冒犯或不妥之处，敬请原谅！在此对这些作者深表感谢！本书也是笔者团队对自身近30年来广告设计教学和实践的一次总结，书中难免有不足之处，对于同行而言，只能起到“抛砖引玉”的作用。真诚地期望能得到读者的批评、指正，以便于笔者进一步改进。

由于篇幅制约，本书附录只列举了部分国内外4A公司、知名广告公司（设计机构）以及国内大学生广告设计奖，敬请见谅。

特别感谢吴为民、康兵、靳埭强、游明龙、李永铨、谢才茂、陈放、程超、陈娜、胡晓燕、王大员、张逸婷、罗娟、胡晓琳、汪诘、蒋秀丽等对此书的大力支持。

感谢厦门大学、厦门理工大学、云南艺术学院、中国美术学院、中央美术学院、武汉理工大学、浙江师范大学、杭州师范大学等高校对本书的支持。

作者

2015年9月